Cindy Costes

MON PETIT CHAT

Un roman contemporain
avec une pointe de merveilleux

Ce livre a été publié sur www.bookelis.com

ISBN : 979-10-359-4865-8

https://linktr.ee/cindycostes
Couverture réalisée par Ōkami Stained Sekai https://linktr.ee/okamistainedsekai
Corrections effectuées par Sandra Vuissoz : sandra.vuissoz@hotmail.com
Polices utilisées (disponibles avec ma licence Word ou libres sur dafont.com) : Ventura Edding, Linux Biolinum, Times New Roman, Georgia, Magiera Script, a Attack Graffiti, Grunge Handwriting, Good Vibes regular, Junior CAT, Ballet Harmony & Vivaldi.

À mes lecteurs, merci pour votre soutien.
À nos anges, merci de veiller sur nous.

1
Sandra

Je me gare sur la place attitrée à mon pavillon de lotissement. Je coupe le moteur et l'observe à travers le pare-brise. Je réalise que cela fait de nombreuses années que je n'arrive pas la première le soir. J'en profite pour essayer d'imaginer ce que pourrait penser quelqu'un d'extérieur.

Seuls les volets d'une pièce sont ouverts, et encore, ils ne sont pas accrochés. À moitié rabattus par le vent, ils ne doivent laisser filtrer que peu de lumière. Pour preuve, l'ampoule électrique qui y est allumée permet d'apercevoir des meubles de cuisine. À l'étage, tout est fermé, on pourrait supposer qu'une personne y vit recluse et qu'elle est actuellement occupée à préparer le repas. Rien de bien gai. Cette solitude serait susceptible d'expliquer l'aura triste qui émane de la maison et que je ressens chaque jour plus intensément.

Je sais, moi, que cette impression d'isolement est fausse. Nous sommes quatre à y habiter, et déjà, les enfants sont là. Je connais mes fils. Chacun a ses petites manies. Alex, l'aîné, étudie dans la cuisine. Une habitude prise dès l'école primaire qui me permet de lui faire réviser ses leçons et de l'aider tout en préparant le dîner. Léo, le cadet, doit être enfermé dans sa chambre avec une lampe torche sous sa couette pour lire, parce que c'est tellement mieux que d'ouvrir les volets ou de simplement allumer le plafonnier. Il y a un petit goût d'interdit ainsi. Je me souviens que je faisais pareil quand j'étais encore fille unique.

Une maison normale, une famille normale.

Pourtant, le nœud dans mon estomac à l'idée de rentrer ne correspond sans doute pas à l'image de la mère pressée de retrouver sa progéniture. Peut-être ne suis-je pas la seule ? Que les autres parents redoutent aussi ce moment sans que personne n'ose l'avouer ?

Exceptionnellement, j'arrive après seize heures et je dois admettre que ça m'a fait du bien de rester plus tard au magasin, d'oublier mes soucis en formant la nouvelle recrue. Je me prends à envier mon mari qui travaille plus de dix heures par jour depuis des mois. Ces pensées n'ont tourné que quelques secondes dans ma tête, toutefois, ça suffit pour me sentir horrible et culpabiliser. En tant que mère, je n'ai pas le droit de ressentir ce genre de choses.

J'inspire et me décide à sortir de la voiture avant que les voisins ne jasent. Il ne manquerait plus que ça.

Mes doigts enserrent les clefs tandis que je franchis l'allée. Cinq pas et je suis à la porte. Douze secondes et elle s'ouvre. Moins d'une minute pour me donner de l'espoir.

— Coucou, les garçons, je suis rentrée.

Le silence me répond. Intriguée, je me dirige vers la cuisine. Pas d'Alex. Le plan de travail révèle le reste d'un goûter : miettes, beurre qui traîne et pot de confiture non refermé. Léo.

Pendant que je nettoie en soupirant le bazar laissé par ma petite tornade, je m'interroge sur l'absence de mon aîné. Est-ce parce que je n'étais pas là ?

Lorsque nous avons appris la maladie de Léo, j'ai demandé des horaires aménagés à temps partiel. Je suis présente matin et soir pour eux. Même si c'est plus difficile financièrement, je suis heureuse d'avoir vraiment eu l'impression de voir mes enfants grandir. Nous avions une belle complicité. Un sourire fugace apparaît sur mon visage en repensant à ces goûters partagés, emplis de rires et d'anecdotes de cour de récré, de copains de classe, des grandes joies et petits drames de mes bonshommes, à l'âge où tout a une importance capitale, où la vie n'a pas encore enseigné le recul sur les sentiments et les événements.

Je repasse par l'entrée pour enlever mes chaussures à talons qui me martyrisent les pieds, mais font partie de l'uniforme de la vendeuse en prêt-à-porter que je suis, même si avec mes horaires, je fais plus de la manutention que du conseil à la clientèle. D'une main que j'essaie de rendre ferme, j'attrape la rambarde pour gravir l'escalier qui mène aux chambres. Le maigre espoir d'une soirée paisible m'a quittée.

Arrivée devant les portes, j'hésite. Par laquelle commencer ? Quel que soit mon choix, il sera mauvais et me sera reproché. Tout est analysé, soupesé, décortiqué et interprété. Chaque geste, mot ou regard.

Je me décide à aller voir Alexandre en premier, ça sera plus rapide et me laissera le temps de me consacrer à Léo. Une nouvelle onde de culpabilité me traverse, j'ai l'impression de négliger mon aîné. Je frappe doucement et un grognement que je considère comme une invitation me répond.

Mon grand garçon est allongé à plat ventre dans son lit, des cahiers et manuels scolaires tout autour de lui. Il ne me regarde pas, concentré sur ses devoirs. Il est si sérieux que je ne doute pas qu'il obtienne son brevet sans difficulté. Je m'assieds sur le matelas et caresse ses cheveux courts. Je ferme les yeux, profitant de cet instant qui se fait de plus en plus rare.

— Ça va, mon poussin ?

— Ça va, marmonne-t-il dans sa barbe naissante.

— Tu as beaucoup de travail ?

— Surtout des maths, c'est facile. Et une leçon d'histoire, je galère un peu.

Il ne daigne même pas me regarder, je sens que je l'enquiquine. Indécise sur la conduite à tenir, je choisis finalement de ne pas relever.

— Tu veux que je t'aide ? proposé-je, pleine d'enthousiasme.
— On verra après.
— D'accord, appelle-moi quand tu seras prêt.

Un grognement me répond. Je l'embrasse sans qu'il bronche et ressors de sa chambre, déçue de ce que je prends comme un rejet.

Le recul, Sandra, le recul.

Un pas et je suis déjà devant la porte de Léo. Je frappe. Aucun son ne me parvient. Malgré moi, mon cœur s'affole et je le sens battre à tout rompre. J'ouvre la porte un tantinet trop brusquement, elle cogne contre le coffre à jouets.

— Mon petit chat ?

Ma voix angoissée ne le fait pas réagir. Allongé, il me tourne le dos. Je reste figée le temps d'observer la scène. Il ne lit pas, je sais que son regard est fixé sur le mur face à lui. L'intégralité de son corps chétif est tendue, je sens la colère qui en émane à l'autre bout de la pièce.

Deux sentiments contradictoires m'envahissent. Le soulagement vient en premier, puissant : il va « bien ». L'abattement s'empare de moi dans la seconde qui suit : encore une crise à gérer. Je parcours la chambre en trois enjambées et de même qu'avec son frère, je m'assieds sur son lit et lui caresse la tête. D'un geste vif, il chasse ma main. J'ai l'habitude, pourtant, mon cœur se serre.

— Qu'est-ce qu'il se passe, mon petit chat ?
— Rien, bougonne-t-il.
— Je vois bien que ça ne va pas, dis-moi.

Il se retourne, ses yeux étincellent de rage et se braquent sur moi.

— Alexandre a fini toutes les céréales ! éructe-t-il.

Forcément...

Je peux en acheter un kilo le samedi matin, en début de semaine, il n'y aura plus rien. Chacun rejette la faute sur l'autre. À chaque fois, l'idée de les enfermer sous clef me trotte dans la tête. S'ils sont incapables de manger des restes, car trop répétitifs, ils ne se lassent pas de leurs grains de riz soufflés au chocolat, la même marque depuis des années, à mon grand désespoir vu le peu d'intérêt nutritionnel et le gouffre financier qu'ils représentent. Sans parler du fait que ce n'est pas la nourriture idéale pour Léo. Mais entre ça ou rien, le médecin a adapté son protocole pour tenir compte de ses préférences.

— Tu as quand même goûté, non ? J'ai vu le pain avec la confiture. Tu as eu assez ?
— Je voulais des céréales. C'est ce qui était prévu en plus. Il sait bien que je suis prioritaire.

— Je lui parlerai. Tu as fait ton contrôle ? Tout est bon ?

Il se tourne de nouveau face au mur et marmonne un « oui, oui » qui signifie grosso modo : « Lâche-moi, tu me saoules ! »

Je me mordille la lèvre, compte dans ma tête jusqu'à trois pour garder mon calme et me lève. J'attrape son menu sur le bureau et étudie celui du lendemain. Céréales. Évidemment.

— Je file au supermarché vous en reprendre une boîte. As-tu besoin d'autre chose ?
— Non, grommelle-t-il.
— Bien, tu fais tes devoirs pendant ce temps-là et on regarde ça ensemble quand je rentre, d'accord ?

Pas de réponse. Bien sûr, puisqu'il ne les fera pas. Je reporte la dispute à plus tard et retourne dans la chambre d'Alex.

— Alex ? Tu as mangé toutes les céréales ?
— Il a dit ça ? Il est pas chié, lui !
Je sursaute devant l'explosion de mon fils aîné. Il me dépasse désormais d'une bonne tête et pèse bien quinze kilos – de muscles – de plus que moi. Je ne m'attendais pas à ce qu'il bondisse ainsi de son lit, guidé par sa colère. Je lui pose pourtant souvent cette question. Est-ce mon absence au goûter qui le fait réagir plus violemment que d'habitude ?
— Comment ça ?

Même si je connais sa réplique par cœur, je l'interroge d'une voix calme, pour tempérer la situation.

— Il en restait trois dans le paquet. Alors ouais, j'ai fini TOUTES les céréales. T'as regardé son stock de médocs ? Parce que là, tu verrais qui les bouffe vraiment au lieu de toujours croire ton petit chéri qui m'accuse.

Comme à chaque fois qu'il perd son sang-froid – et c'est devenu de plus en plus fréquent –, j'ai l'impression de me prendre une claque. J'ai envie de lui faire un câlin, de le rassurer sur l'amour que j'éprouve pour lui, cependant, je connais d'avance sa réaction. Il faudra attendre que l'orage soit passé.

— Bon, je vais en racheter, tu as besoin de quelque chose ? éludé-je sans rien laisser paraître du trouble causé par sa révélation.

— Ouais, change de sujet…

Je soupire en m'approchant de lui quand il me tourne brusquement le dos, mettant ainsi fin à notre entretien.

J'hésite devant la chambre de Léo, mais décide avant tout d'aller contrôler la réserve de médicaments selon la suggestion d'Alex. J'entre dans la salle de bains et en effet, il en reste moins que prévu. Ça, plus le stock de céréales qui diminue bien trop vite, il ne peut y avoir qu'une conclusion.

Je m'agrippe au rebord du lavabo et commence à respirer calmement pour juguler la crise d'angoisse qui risque de me submerger. Je laisse mes paupières closes, espérant ainsi retenir les larmes qui menacent puis me mets à compter au même rythme que mon thorax qui se soulève.

Au bout de longues minutes, je suis de nouveau capable de raisonner. Avant d'en parler à Léo, il est impératif que je jette un œil sur son carnet de suivi. Depuis la rentrée et son autonomie médicale, il ne veut plus que je m'en approche. Même si je déteste ça, je le consulterai pendant qu'il sera à table. Puis j'en discuterai avec Antoine dès que les enfants seront couchés. L'explication avec mon petit chat attendra demain et la nuit m'aidera à canaliser mes émotions.

En apercevant l'heure sur ma montre, j'ai un mouvement de surprise. Il est déjà presque temps de dîner. Je me reprends. Une chose à la fois. Les courses, trente minutes avant les devoirs. Trente minutes de répit.

2

ALEXANDRE

J'hallucine ! Encore une fois, c'est sur moi que ça tombe à cause de ce petit con ! Bien sûr, comme d'hab', on ne lui dit rien. Môssieur est malade, Môssieur est fragile, Môssieur a tous les droits ! Et bibi, il a le droit de fermer sa gueule.

J'espère qu'il va se faire défoncer pour les céréales. Ou qu'il en soit privé. Ça fait des années qu'il me gonfle avec sa « priorité » et depuis quelques semaines, quand je vais en piocher entre deux révisions, je vois qu'on est déjà passé par là. Il va m'en vouloir de l'avoir balancé, mais je m'en fous. Plus de fraternité entre nous. C'est fini, l'époque où je te couvrais, frangin, maintenant, c'est la guerre !

J'ai envie de tout jeter par terre tellement j'ai la haine. Je me souviens de justesse que si je veux me casser d'ici, il faut que je bosse.

Je chope mon manuel d'histoire, mais les mots ne s'impriment pas dans mon cerveau. Je suis dans une telle rage que je suis incapable de comprendre ce que je lis. J'attrape mon iPhone, me connecte sur le Wi-Fi et commence à discuter avec mes amis.

Peu à peu, la tension redescend. Faudrait que je travaille, mais j'ai plus envie. Tant pis. Ils ne le verront même pas de toute façon.

3

Antoine

Je regarde l'heure indiquée sur l'écran de mon ordinateur : 20 h 58. Je passe une main lasse devant mes yeux fatigués. L'avantage de toutes ces heures supplémentaires, c'est que je décroche une belle prime. J'abats presque deux fois plus de travail qu'avant. Après dix-huit heures, les bureaux se vident, les courriels deviennent rares et le téléphone se tait. En l'espace de trois heures, je traite près de cent dossiers.

Mon corps se déplie douloureusement lorsque je me décide à partir. Il faut absolument que je pense à me lever régulièrement. Depuis que tout est dématérialisé, il n'y a plus besoin d'aller à l'imprimante ou à la photocopieuse et je le ressens. Le médecin du travail nous a conseillé de faire du sport. La direction a même conclu un partenariat avec une salle de musculation située à un arrêt de métro d'ici. L'abonnement est à moitié prix pour les salariés de Lincoln Santé. Comme tous les soirs, je songe qu'il faut que je regarde ça de plus près. Demain.

Je sifflote en fermant à clef le bureau, j'espère que

Fred sera au poste de garde ce soir. Avec les horaires tournants de l'équipe de surveillance, c'est toujours une surprise.

Selon son habitude, l'ascenseur est d'une lenteur extrême pour descendre les trois étages menant à la sortie. À croire qu'il est fatigué de ses allers-retours incessants pendant la journée et proteste pour ce dernier voyage avant son repos bien mérité.

Je débouche dans le hall et la remarque immédiatement. Elle a déjà préparé son paquet de cigarettes, avertie de mon arrivée par ses multiples écrans de surveillance. Je m'approche d'elle et lui fais la bise. Trois, car chez elle, quelque part dans la campagne albigeoise, on fait ainsi. Je sais qu'elle se contente des deux bises toulousaines avec ses collègues et qu'elle garde une réserve professionnelle avec les autres travailleurs de l'immeuble, alors je me sens heureusement et connement flatté de ces trois bises, juste pour moi.

— Tu vas bien ?
— Nuit tranquille, donc oui.

Son sourire rayonne et elle me donne un coup de coude tandis que nous franchissons les portes du bâtiment que mon employeur partage avec plusieurs sociétés.

— Tu devrais suggérer à tes patrons de t'installer un lit dans ton bureau.

J'essaie de rire avec elle, mais ça sonne tellement faux qu'elle s'interrompt et me fixe.

— Beaucoup de travail, tenté-je maladroitement.
— Je crois surtout que tu repousses ton retour chez toi.

Je soupire et m'adosse au mur tout en lui demandant une cigarette du regard. Une bouffée de culpabilité et de plaisir mêlés m'envahit tandis que je prends une taffe à pleins poumons. Dégueulasse. Divin.

— Elle dirait quoi, ta femme, si elle savait que tu avais recommencé ?
— Je n'ai pas recommencé, c'est exceptionnel.
— Ça fait pas mal d'exceptions ce mois-ci, Antoine...

De ma main libre, je repousse mes cheveux en arrière tout en fixant l'objet du délit.

— Elle me tuerait.
— À ce point ?
— Ouais.
— ...
— Son père est mort d'un cancer du poumon. J'ai arrêté de fumer lors d'une de mes visites à l'hôpital, juste avant...

Ma voix se brise, je sens des picotements derrière mes rétines. Quand Gérard est tombé malade, Sandra ne m'a rien dit, ne m'a fait aucune réflexion. Cependant, à chaque fois qu'elle me voyait allumer une cigarette, ses yeux s'humectaient. Au fur et à mesure de nos passages aux soins palliatifs, mon addiction me dégoûtait toujours plus. Assister à son déclin m'a fait prendre conscience de ma connerie. J'avais une famille, je connaissais les risques et je les prenais. Pourquoi ? Pour gaspiller de l'argent ? Par habitude ? Par dépendance ?

Progressivement, j'ai détesté le tabac jusqu'à vomir lors de ma dernière clope. Juste avant, Gérard m'avait murmuré que Sandra ne méritait pas de perdre son mari de la même façon que son père. Il aura fallu la mort d'un homme que j'aimais et respectais pour arrêter.

Et malgré ce que je peux dire à Fred, oui, je suis en train de reprendre, con que je suis ! Il faudrait que je jette cette putain de cigarette dans le cendrier, néanmoins, je n'en ai pas la force. Cette brûlure dans ma gorge lorsque j'aspire la fumée, j'en ai besoin. Je ne sais pas comment l'expliquer, mais sans ces quelques moments de détente, je ne tiendrais pas le coup. Et je ne peux pas craquer, je n'en ai pas le droit.

Fred comprend mon trouble et me pose une main réconfortante sur l'avant-bras. J'apprécie qu'elle n'essaie pas de me culpabiliser, je m'en veux déjà assez.

— Tu ne serais pas intéressé par une boule de poils trop mimi ? J'ai une chatte qui a mis bas dans mon jardin et je me retrouve avec quatre petits à caser.

Je la remercie silencieusement de changer de sujet.

— Désolé, Sandra est allergique.
— Pas grave, si jamais tu connais quelqu'un, dis-le-moi.
— Je n'y manquerai pas.

— Le pire, c'est que je n'arrive pas à choper la mère pour la faire stériliser. C'est sa troisième portée dans ma haie…

— Tu réussis à refourguer tous les bébés à chaque fois ? ne puis-je m'empêcher de demander.

— Presque. Je mets des annonces ici, tu n'as jamais vu ?

— Non, je ne regarde jamais ce panneau.

— À quoi ça sert que Ducros, il se décarcasse [1]?

Sa réplique m'amuse, j'avais bien besoin d'un brin d'humour.

— À faire sa Brigitte Bardot ?

Elle s'étouffe avec sa cigarette tellement elle rit. Petite brune aux yeux noirs, Fred n'a pas l'habitude qu'on la compare avec la mythique BB[2].

— Allez, file, je retourne à ma garde.

— Bon courage !

Je m'élance d'un pas rapide vers la station de métro, un chouia plus léger qu'en sortant de l'ascenseur tandis que le nom de Sandra s'affiche sur mon téléphone sans que je l'entende.

---

[1] Slogan publicitaire des années 70 devenu culte.

[2] Brigitte Bardot – surnommée BB – est née en 1934. Dans les années 60, cette jeune femme blonde était un véritable sex-symbol. De renommée internationale, elle a été actrice, mannequin, chanteuse, égérie, muse. Elle se consacre depuis longtemps à la cause animale dont elle est une très grande militante, d'où la blague d'Antoine.

4

Nom inconnu

J'observe la maison où l'on m'envoie en mission. Classique de cette époque, un étage, une centaine de mètres carrés, un terrain de la taille d'un mouchoir de poche, des volets blancs qui semblent avoir été repeints récemment. Un bon état général. Le jardinet est simple, pas de plantations, juste un rectangle de pelouse avec une petite table, quatre sièges et deux transats.

Je choisis de m'installer sur une chaise longue – à mon âge, on fait attention à son confort – afin d'observer tranquillement la vie de cette famille. Toujours prendre le temps d'étudier la situation avant d'intervenir, règle numéro un. Sans même avoir besoin de lire mon ordre de mission, la souffrance me saute aux narines. Elle est pure, violente et semble concerner plus d'une personne.

De ma place, j'ai une vue directe sur le salon et la cuisine, dans le prolongement. Un tas de cahiers et de livres envahissent l'îlot central ; or, personne n'est devant. Un adolescent est allongé dans le canapé, en train de jouer avec une espèce de toupie qu'il fait tourner entre ses doigts au lieu de la mettre au sol. Je l'observe presque une demi-heure, rien ne semble le sortir de sa transe, ni la table basse qui vibre au rythme de son portable posé dessus, ni les minutes qui s'égrènent.

La porte s'ouvre brusquement sur un gamin chétif. Son cartable pend à une de ses épaules et très vite, il l'envoie valdinguer dans l'entrée. Les chaussures suivent en fonction de la progression de l'enfant dans la maison. La première traîne dans le hall, la seconde se retrouve dans la cuisine. Pas un mot n'a franchi ses lèvres.

Le plus âgé ne bouge pas, néanmoins, il lance d'un ton maussade un « bonsoir » qui n'obtient pas de réponse.

Je repense à mes instructions et j'identifie ces deux individus. Alexandre, quatorze ans et élève en troisième, dans le canapé. Dans la cuisine, Léo, tout juste onze ans, qui vient de faire sa rentrée en sixième dans le même collège que son frère.

Léo attrape une boîte de céréales et s'en verse une portion généreuse. La moitié me semble aller sur le plan de travail sans qu'il s'en formalise. Il prend un livre sur une petite étagère et s'installe à l'îlot central en poussant sans ménagement les cahiers qui s'y trouvent.

Alexandre continue de faire tourner son jouet. C'est à peine perceptible, pourtant, je note que ce dernier est moins stable que quand il était seul. Je renifle et sens une angoisse sourde que je ne comprends pas. Pour l'instant, ce retour du collège ressemble à celui de n'importe quelle famille. Ce n'est pas une ambiance de franche camaraderie, cependant, il n'y a pas de quoi s'inquiéter.

Son goûter terminé, Léo se fige en observant un tiroir vers lequel il finit par se diriger. Je sens que c'est important, ma curiosité est aiguillonnée. Il l'ouvre, fixe son contenu et le referme brusquement. Il tourne les talons et, sans s'arrêter, attrape son livre et s'apprête à monter dans sa chambre quand son regard accroche son frère. D'un seul coup, il lui saute dessus et s'empare de l'espèce de toupie.

J'entends les cris de ma position, j'ai une bonne ouïe, mais je suppose que ça porte jusque chez les voisins mitoyens.

— Rends-moi mon *hand spinner* !

— Eh ! T'es pas bien, je m'amusais avec !

— Il est à moi !

— Non, il est à nous deux !

Alexandre essaie de récupérer le jouet, tandis que Léo lui assène un coup de coude dans le ventre pour se dégager de son emprise et se rue dans l'escalier.

— Putain, mais t'es chiant ! peste Alexandre en s'apprêtant à le poursuivre.

Le claquement d'une porte le freine dans son élan. Je le vois hésiter puis se diriger vers la cuisine en traînant des pieds. Il met la chaussure égarée avec sa copine et soupire en regardant le chantier laissé par son frangin en à peine quelques minutes : lait sorti, paquet de céréales en dehors de la boîte, bol non débarrassé, sans parler du plan de travail plein de tout ce qui s'est échappé lorsque Léo s'est servi...

Alexandre peste et range la bouteille dans le réfrigérateur. Il attrape l'éponge puis profère un juron avant de la balancer dans l'évier et de retourner à ses devoirs.

5

ALEXANDRE

Encore une fois, papa n'est pas rentré à temps pour le dîner... Maman a essayé de nous faire manger à table, tous les trois. Un semblant de famille normale. Je ne sais pas pourquoi elle s'obstine ainsi tous les soirs. Comme à chaque fois, Léo a fait une crise parce que je lui ai soi-disant coupé la parole. Il ne parle quasiment jamais, mais bien sûr, selon son cinéma habituel, il allait « s'exprimer » et je l'en ai empêché. Un jour, il me reprochera de respirer.

Bref, Léo a envoyé son assiette par terre et a regagné sa chambre en hurlant. Maman m'a autorisé à finir le repas dans ma piaule. Au début, je l'aidais à réparer les dégâts de mon petit frère. J'étais gêné de la voir à quatre pattes en train de ramasser les morceaux de porcelaine brisée. Petit à petit, j'ai pris le pli de monter en détournant les yeux. Est-ce que je me suis habitué ? Est-ce que maintenant, je trouve ça normal qu'elle nettoie sa merde ?

Une bouffée de rage m'envahit. Je lui en veux tellement ! Et papa, qu'est-ce qu'il fait, putain ? Il ne devrait pas être avec elle, à ramasser notre famille qui s'effrite ?

Dégoûté, je pose mon assiette encore à moitié pleine sur une pile branlante au pied de ma table de chevet. Je commence à les compter et m'arrête à huit. C'est trop douloureux.

Il dit qu'il a de plus en plus de travail, pourtant, ça fait une éternité qu'il bosse à Lincoln Santé. Même en période de rush, il est toujours rentré avant le repas. Cet instant partagé avec sa famille était sacré selon lui. Enfin, avant d'avoir deux ados, parce que là, le super papa préfère rester au bureau et laisser sa femme gérer. Il arrive quand les devoirs sont faits, qu'on a mangé et que Léo a pris ses médicaments.

En parlant de ça, j'entends les pas lourds de maman gravir les marches. Elle va veiller à ce que le traitement de chaton soit pris. J'attrape mon casque, le visse sur mes oreilles et ouvre ma playlist. Je m'allonge dans mon lit, ferme les yeux. Dans le noir, happé par la musique, je peux faire comme si j'étais ailleurs.

6

Antoine

— Tu viens boire un verre ?

J'hésite, j'ai promis à Sandra – à l'instar des autres soirs de la semaine – d'essayer de rentrer tôt.

— On va fêter la naissance de la petite-fille de Didier, tu ne peux pas rater ça ! insiste Marc qui partage mon bureau.

J'aperçois plusieurs têtes se faufiler par l'entrebâillement de la porte, m'incitant, qui par un sourire, qui par un geste de la main, qui par un clin d'œil, à les rejoindre.

— Allez, Antoine, on est vendredi, c'est permis ! surenchérit Didier que j'aime beaucoup et qui m'a formé à mon arrivée dans la boîte.

Après tout, on n'est pas grand-père tous les jours, et je dois reconnaître que j'en crève d'envie. Et si j'ai promis d'essayer d'être à la maison pour dîner, je ne me suis pas engagé à le faire.

J'attrape ma veste en claironnant que j'en suis. Mes collègues poussent des cris euphoriques.

Le petit bar où nous sommes est très agréable, je ne le connaissais pas. Il faut dire que nous n'avons pas l'habitude de sortir entre nous après le travail, c'est même la première fois en plus de dix ans de boîte. Dès sa journée finie, chacun retrouve sa famille, ses amis ou sa solitude.

Je profite de cette soirée pour découvrir sur un autre plan mes collègues. Certains que je connaissais peu me semblent désormais beaucoup plus sympathiques. J'apprends que Marc, qui partage mon bureau depuis trois ans, collectionne tout ce qui se rapporte aux poules. Je m'étouffe de rire devant les photos qu'il nous montre. Il y a de tout : vaisselle avec des poules, poules miniatures de différentes sortes, napperons en forme de... poules, évidemment ! Sa maison est complètement envahie. Je ne savais même pas que c'était possible ! Ça doit avoir un nom, ce truc, il faudra que je cherche pour le chambrer quand il me titille.

Je prends un peu de recul et regarde cet homme en costume cravate qui parle de ses bibelots avec tendresse. D'un coup, je me téléporte dans l'appartement d'une vieille tante qui avait une obsession similaire, avec des vaches, pour sa part. Elle passait des heures à me montrer ses objets à chaque visite. Marc me ramène au présent d'une bourrade. Je le charrie avec deux types des contentieux. Je suis complètement détendu et j'ai l'impression que je n'arrêterai jamais de rire.

Une fois calmé, je fixe mon attention sur Didier, qui rayonne. Il attend désormais la retraite avec impatience pour s'occuper de la petite Manon. Le rouge aux joues, les yeux brillants, la moustache presque tressautante, il nous montre des photos d'un adorable poupon. Je ne peux pas m'empêcher de penser à mes garçons à la maternité. Nos deux bébés étaient tout à fait dans la norme, sains, vifs. Avec Sandra, nous riions en nous disant qu'on suivait vraiment le cadre de tout. Rencontre chez des amis communs, coup de foudre, mariage, les deux rejetons attendus par la société pour renouveler la population sans être une charge trop importante. Dans les clous. Famille parfaite.

L'alcool m'embrume le cerveau. Je n'ai pas bu beaucoup, mais ces derniers temps, les occasions de trinquer ont fondu comme neige au soleil et mon corps n'est plus habitué. Mes souvenirs me ramènent aux garçons, si mignons, bébés.

Leur enfance défile. Le biberon-câlin que je prenais tant de plaisir à donner, quelle que soit l'heure. Les histoires du soir, moments de tendresse qui éveillaient en plus leur imagination. Les cauchemars, opportunités de venir se blottir entre nous, au milieu de la nuit. L'apprentissage du vélo, leur confiance malgré les membres tremblotants puis leur fierté quand, enfin, ils s'élançaient sans les petites roues. Les câlins du dimanche matin avec cette sensation d'avoir toute la journée pour nous. Le premier film tous ensemble, lovés dans le canapé. Je ris à ce souvenir, j'ai rarement connu de moment plus inconfortable avec tous ces corps serrés, les genoux et coudes des enfants qui s'enfoncent dans le ventre ou les cuisses. J'ai rarement connu de plénitude plus parfaite non plus.

Le rire se meurt, les larmes perlent. Qu'est-ce qu'on était heureux ! Mes pensées me ramènent à Sandra qui m'attend. Sandra qui veut me parler et que j'évite depuis plusieurs jours alors que mes dossiers ne sont pas urgents. Je regarde ma montre, il est déjà 22 h 30. Elle va me tuer. Ma légère ivresse ne va pas arranger les choses.

Je me lève, embrasse Didier et fais un signe aux autres qui se moquent de ma docilité. Je grogne et leur conseille de rentrer aussi. Je sais qu'à peine la porte franchie, ils vont suivre le mouvement. Il fallait juste un premier à oser interrompre ce moment.

Toutes les lumières sont éteintes, je pénètre dans la cuisine où trône mon assiette. Un brin coupable, je m'assieds à l'îlot central pour manger sans appétit, sans même réchauffer le plat. Sandra doit être couchée, elle ne m'a pas attendu. C'est la première fois en seize ans de mariage qu'elle dort à mon retour. Je repousse mon repas en étouffant un juron. J'ai bien le droit de fêter une naissance, non ?

Dans la chambre, je me glisse entre les draps sans faire de bruit. Au moment où mes yeux se ferment, je me rends compte que j'ai oublié d'aller voir les garçons. Alex doit être réveillé. Tant pis, le sommeil m'appelle...

7
Sandra

Sa respiration se calme, il s'est endormi. Je ferme les yeux et laisse couler mes larmes. Il a bu. Il ne m'a pas prévenue. Il a oublié sa promesse. Lui qui n'a toujours eu qu'une parole doit penser que puisque je suis sa femme, il peut la reprendre. En rentrant lundi, il était trop fatigué pour parler, il m'a dit qu'il allait faire un effort pour finir plus tôt un soir, qu'on puisse discuter. Nous sommes vendredi et il me laisse avec mon angoisse depuis plusieurs jours au sujet de notre fils. Cet après-midi, je lui ai envoyé un texto en lui signifiant que j'attendais depuis le début de la semaine, que c'était important. Il m'a promis en réponse qu'il serait là pour le dîner, que nous allions prendre le temps d'échanger.

Je suis d'autant plus inquiète que le paquet de riz soufflé au chocolat acheté lundi soir était déjà terminé hier quand je suis rentrée. À cause du travail, je n'ai pas pu être à la maison lors de tous les goûters de cette semaine. Léo a dû s'en donner à cœur joie. Comme si ça changeait quelque chose que je sois là... Malgré mon omniprésence, il arrive à descendre dans mon dos pas mal de céréales. Combien exactement ? Depuis qu'il a trois-quatre ans, Alex grignote dans le paquet en cachette. J'ai toujours pensé que c'était lui. Juste lui. Que Léo ne jouerait pas avec sa santé. Il n'y a pas pire aveugle que celui qui ne veut pas voir, comme on dit.

Heureusement, le week-end arrive et Antoine n'aura plus l'excuse de son travail. J'ai vraiment besoin d'aide pour savoir comment agir. En parler au médecin ? Enfermer les céréales ? Arrêter d'en acheter ? Un ronflement interrompt ma pensée, il ne fait ça que quand il est ivre. À cause du boulot, ça aussi ? J'ai de plus en plus de mal à croire en ses contraintes professionnelles. Avec qui était-il ?

Incapable de dormir, je me connecte à Internet sur mon téléphone et cherche un jeu qui me permettra de tout oublier pendant un moment. À l'instant où mon portable capte le Wi-Fi, un message de Samia apparaît.

Hello, gargouillette, ça fait une paye qu'on ne s'est pas vues ! 😂
Tarot demain soir ? Dis oui, tu me manques trop !!! 😭 *Bisous*

Ma main lâche l'appareil qui tombe sur le matelas. Je ne sais plus quoi répondre à ma meilleure amie. Depuis quelques mois, j'invente des excuses telle une arracheuse de dents. J'ai tout sauf envie de sourire, d'être avec des gens. Et Samia me connaît trop bien, elle verra le faux derrière le masque avenant, la tristesse dans mes yeux. Je reprends mon téléphone et décide de ne pas m'étendre. Quand on se fréquente depuis autant d'années, pas besoin de longs discours.

Je ne peux pas, désolée. Bisous

Qu'est-ce qui se passe ma puce ?
Tu veux en parler ?

Je coupe mon portable et me glisse discrètement hors des draps. Je descends à la cuisine, tenaillée par une envie de grignoter. Quand j'atteins le frigo, je remarque mon aîné devant l'évier. Je m'approche de lui et le serre dans mes bras.

— Tu ne dors pas, poussin ?

— J'arrive pas à m'endormir.

— Tu as éteint ton iPhone ?

— Oui, mais impossible de fermer l'œil.

— Pardon de m'être fâchée contre toi.

— Faut que tu arrêtes de gober tout ce qu'il te dit.

— C'est pour ça que je viens t'en parler à chaque fois, mon poussin, parce que je ne le crois pas sur parole. Je vous ai toujours laissés donner chacun votre version.

Je le serre fort contre moi, ces moments de câlin sont de plus en plus rares. D'autant que pour une fois, il ne cherche pas à avoir le dernier mot à tout prix. J'ai le sentiment que nous faisons la paix, au moins jusqu'à demain.

— M'man, je peux te demander quelque chose ?

Je sens mon corps se crisper. Quand il sollicite l'autorisation de poser une question, c'est que ça lui tient à cœur.

— Bien sûr, poussin.

Un jour, il faudra que j'arrête de l'appeler ainsi. Un jour.

— Je peux dormir chez Aroon ce week-end ?
— Tu irais demain soir ?
— Plutôt le matin, ses parents ont prévu une blanquette à midi et tu sais combien j'adore ça.

Même sans voir son regard, j'imagine ses yeux emplis de malice. Je profite de notre proximité qui s'éternise et inspire doucement le parfum de mon fils. Comment lui dire non ? Si je pouvais, je me prendrais bien également un moment de détente ailleurs. Si seulement il n'avait pas autant besoin de s'échapper...

— D'accord. Je t'aime.

Il me relâche et je l'embrasse sur le bout du nez, comme quand il était petit. Je devine dans la pénombre un sourire illuminer son visage.

— Merci, maman. Moi aussi je t'aime.

Main dans la main, nous remontons l'escalier et nous séparons sur une dernière étreinte devant les chambres.

Apaisée par mon échange tendre avec mon aîné, je décide de continuer ma conversation avec Samia. Je la connais, elle est capable de débarquer même à cette heure avancée. C'est la première fois que nous demeurons si longtemps sans nous voir, si je reste silencieuse à sa question en plus, qui sait ce qu'elle va imaginer.

Avec un léger sourire, je constate que j'ai raison avec trois nouveaux messages apparus en quelques minutes.

Je m'inquiète, réponds-moi.

Promis, je ne t'embête plus,
dis-moi juste que ça va.

Si je n'ai pas un texto de ta part dans
deux minutes, je déboule pour être sûre
que tout va bien.

Stop ! Ne bouge pas. Je faisais un câlin
avec Alex qui a du mal à dormir.

Ouf ! J'étais en train d'enfiler mon
gilet, tu as eu chaud aux fesses.

Va bien mon poussin ?

Oui, il a encore grandi !

Et c'est quand que je le vois ? 😎

Il est toujours fourré avec ses copains, tu as plus de chance de le croiser en traînant au jardin japonais qu'en venant ici !

C'est de son âge, nous aussi, on bougeait pas mal quand on était jeunes et belles. 😜

Je vais dodoter, bisous, ma grenouille.

Bisous, ma gargouillette, fais de beaux rêves. 😘

PS : Je vais faire comme si je n'avais pas vu que tu avais évité de parler de toi et que tu as esquivé ma tentative pour me faire inviter. Je reviendrai à la charge ! Je t'aime. 😍

J'ignore son dernier message qui me fait mal, elle mérite que je lui explique. De savoir qu'elle ne me lâchera pas et reste présente malgré tout me rassure. Elle me manque tant !

J'attrape mon oreiller contre moi et le serre fort, imaginant être dans les bras réconfortants de ma meilleure amie, comme quand nous étions petites et qu'un cauchemar venait troubler mes nuits.

8

Antoine

Toujours en pyjama, je fouille dans le bordel de la cave, agacé par cette accumulation. Depuis quand n'est-il plus possible de s'y retrouver ? Enfin, je le dégote et l'attrape pour le remonter.

— Qu'est-ce que tu fais ?

Sandra, à moitié réveillée, se sert une tasse de café. Ses cheveux ébouriffés et son teint encore chiffonné de la nuit la rendent magnifique. Je réprime une envie de l'enlacer.

— Je réinstalle mon sac de frappe, je compte me remettre au sport.

Ma femme lève un sourcil étonné. Je pose mon fardeau au sol pour déverrouiller la porte du garage qui donne dans la cuisine et j'en profite pour souffler. Il pèse un âne mort et je ne pratique plus d'activité physique – comme on dit maintenant – depuis un bon bout de temps.

Elle me regarde en silence, je reconnais dans son attitude raide le signe d'une contrariété. Mes poings se crispent. Merci pour le soutien. J'ai quand même bien le droit de me remettre à l'exercice sans sa permission, non ?

— Il y a un problème ?

Je ne voulais pas élever la voix. Je ne comprends pas comment j'ai pu passer d'une seconde du désir de l'étreindre aux cris.

— Je suis heureuse que tu te décides à refaire du sport.

À sa façon de se concentrer, de plisser légèrement le front, je vois bien qu'elle cherche ses mots. J'espère qu'elle ne va pas me sauter dessus par rapport à hier soir, je suis trop énervé pour lui répondre maintenant. Peut-être qu'après avoir frappé le punching-ball pendant une bonne demi-heure, ça ira mieux.

— Mais… ? grondé-je.
— Si Léo veut en faire ?

Elle s'affaisse et je me sens con d'un coup. Je n'avais pas réfléchi à ça. Fidèle à son habitude, elle pense à Léo avant de se préoccuper d'elle, que je traite de façon merdique. Je regarde mon sac avachi contre le mur puis ma femme, adossée au plan de travail. J'entrevois qu'il y a bien plus derrière cette question, toutefois, je n'ai pas le courage d'y faire face pour l'instant.

— On peut retirer la clef de la porte afin qu'il n'y accède pas.

— Alors qu'on ne l'a jamais fait ? me rétorque-t-elle.

— Et alors ?

— Alors, ILS ne vont pas comprendre.

Son ton est froid, elle me traite comme un ennemi. De nouveau, mes poings sont serrés et je sens mon sang qui commence à bouillir. Je me rapproche d'elle.

— D'une, je n'ai pas à me justifier de ce que JE fais dans MA maison auprès de MES gosses. De deux, on ne peut pas vivre dans la peur toute notre vie, il va falloir qu'il apprenne à gérer l'imprévu.

Est-ce mon ton menaçant, mes paroles directes et froides ? Sandra s'enfuit en courant. J'entends une porte – que je devine être celle de notre chambre – claquer.

Bien, dès que je serai habillé, j'irai chez le serrurier pour faire un double de la clef du garage et nous en accrocherons chacun un exemplaire à notre trousseau. Pas la peine de créer un problème là où il n'y en a pas.

Tandis que je me félicite d'avoir résolu la crise rapidement et que j'évite de penser au reste, je pénètre dans le garage et y traîne le sac. Le crochet est là, qui l'attend, bien au centre pour avoir la place de se mouvoir autour. J'ai toujours aimé frapper, ça défoule un max en peu de temps. Et la dépense calorique est phénoménale.

Quand nous avons emménagé, je venais décompresser ici deux à trois fois par semaine. De courtes séances, cependant suffisantes pour me libérer des tensions du quotidien. Puis nous avons eu les enfants, il a fallu laisser de l'espace pour la poussette, la cabane en plastique, le petit toboggan, la pataugeoire. Avec un jardin de quelques dizaines de mètres carrés, nous nous étions équipés comme si nous avions un parc immense. Sandra trouvait ça fantastique en fin de compte. Chaque semaine, elle changeait le jeu d'extérieur en disant que ça renouvelait l'intérêt des garçons. Sandra voit toujours le positif à tout. Si j'ai craqué sur son rire et ses fossettes, je suis vraiment tombé amoureux d'elle en découvrant cette qualité rare. Comment l'Antoine et la Sandra d'il y a quinze ans géreraient-ils la situation actuelle ?

9
Aélys

La professeure de mathématiques nous indique le travail à faire pour demain, je jubile, nous n'avons que de la géométrie et j'adore ça. Bien entendu, je le cache à mes camarades qui s'insurgent. Je ne vais pas jusqu'à protester pareillement à eux qui râlent pour quatre petits exercices qui nécessiteront à peine vingt minutes, et encore, en prenant son temps. Ils argumentent sur la quantité de devoirs trop élevée, chaque enseignant donnant comme s'il était seul au monde.

J'ai envie de rire, forcément que notre charge de travail augmente, nous sommes au collège maintenant. Je range avec soin mes stylos dans ma trousse. Rouge pour la matière, bleu pour les énoncés. Je regarde en souriant mon agenda qui se remplit au fur et à mesure : français, histoire, anglais, latin et désormais mathématiques pour demain. Bien entendu, plus de la moitié a été donnée en avance et est déjà surlignée en jaune. Je ferme vite mon carnet avant qu'on ne cherche à me ridiculiser à cause de ma maniaquerie.

J'observe discrètement mes camarades qui fourrent à la va-vite leurs affaires dans leur sac tout en grommelant. Les chaises raclent le sol, les moqueries et les rires gras fusent. À mon habitude, si je n'ai pas réussi à m'échapper de la salle en premier, je prends tout mon temps pour ranger mon cartable, histoire de laisser passer la meute.

Enfin, la voie est libre et je rejoins d'un pas pressé le bâtiment mitoyen, il ne s'agit pas d'arriver en retard en arts plastiques. Même si cette matière n'était pas ma préférée au départ, je l'apprécie de plus en plus et à ma grande surprise, je sors détendue des cours où nous crayonnons, au point que j'ai commencé à suivre des leçons sur Internet pour progresser plus vite. Malheureusement, il y a – si c'est possible – encore plus de chahut dans ce cours que dans les autres. Mes « camarades » occasionnent ainsi de nombreuses pertes de temps, et ce, dans toutes les disciplines. Il y a pourtant tellement à faire ! J'ai jeté un œil au programme de sixième et il est assez chargé pour bien nous occuper.

Un bruit de course suivi d'un choc sourd me pousse à me retourner. Au moment même où ma tête pivote, je me morigène. Mauvaise idée. Moins on en sait, mieux on se porte. Règle du collège.

10

Nom inconnu

J'espionne mon protégé depuis plus d'une semaine maintenant. Normalement, je dois rester encore un petit moment à l'écart, néanmoins, j'ai un mauvais pressentiment. L'urgence m'étreint. Et il s'agit de ma dernière mission, je ne peux pas la rater.

Il est tellement en colère que la maison dégage des ondes. Malgré ses crises fréquentes qui rythment toute la famille, il n'arrive pas à s'en libérer, à exprimer vraiment ce qu'il ressent. Je crois avoir déjà perçu plusieurs raisons qui peuvent l'expliquer, cependant, il me manque quelques informations avant de pouvoir émettre une hypothèse solide. Je n'ai pas encore fouillé son esprit, je dois attendre un peu.

J'étire mes pattes et quitte l'abri du transat qui me protège de la pluie. Il est temps d'entrer en scène, mon moment préféré, je m'en délecte d'avance. De ce que j'ai pu observer, la plus grande résistance viendra sans doute de la mère, qui a du mal à gérer l'imprévu. Elle perd tellement pied que sans son organisation quasi militaire, elle serait noyée et elle en a conscience, ce qui explique qu'elle s'y raccroche comme si sa vie en dépendait. Désolé, Sandra, il va falloir compter sur moi à partir de maintenant, mais tu verras vite que je suis de ton côté. Là pour lui.

Je m'approche de la baie vitrée du salon et observe quelques minutes la scène. Les deux garçons sont en train de goûter en regardant une vidéo sur le téléphone d'Alexandre. Ils rigolent en chœur. La mère a été retenue au travail, elle ne va toutefois pas tarder à rentrer. C'est le moment idéal. Je passe chez les voisins pour atteindre le devant de la maison et d'un bond léger et gracieux, me hisse sur le rebord de la fenêtre de la cuisine.

— Miaou, miaou, miaou.

Rien, aucune réaction. J'ai pourtant pris ma voix la plus attendrissante. Celle à laquelle personne ne résiste. En des centaines d'années de carrière, c'est bien la première fois que ça m'arrive. Bien, je vais un tantinet monter le son.

— Miaou ! Miaou ! Miaou !

Ils se bidonnent tels deux abrutis devant leur machin démoniaque. Jamais on ne m'avait traité ainsi. Ils ne savent pas à qui ils ont affaire, foi d'ange !

— MIAOU ! MIAOU ! MIAOU !

— T'as entendu ? s'exclame – enfin ! – Alexandre.

— Nan, quoi ? demande mon protégé sans lever le nez de l'écran.

Bon sang !

— MIAOU !

J'éructe, mais cette fois-ci, même lui a perçu mon appel. Leurs têtes pivotent de concert à la recherche du bruit suspect. Si je n'étais pas aussi agacé, je serais ravi de cette complicité sous-jacente.

— Oh, un chat ! s'écrie Léo, qui m'a repéré.
— Où ? Oooooh ! Il est trop beau.

Les deux enfants – parce qu'ils ne sont encore que ça malgré les quelques poils sur la lèvre supérieure d'Alexandre – accourent et ouvrent la fenêtre.

Prestement, je saute dans l'évier et je suis immédiatement cajolé. Enfin ! Je ronronne à qui mieux mieux et ils poussent des petits cris de joie. Je passe de bras en bras et me saoule de tendresse.

Ça faisait si longtemps !

11
Sandra

Je rentre de nouveau tard et complètement frigorifiée. Mes horaires ont été décalés, car l'enfant de la nouvelle vendeuse est malade et ma patronne m'a fait commencer à midi. À cette heure-ci, le parc de stationnement du centre commercial était rempli de gens venant y passer leur pause déjeuner et j'ai dû me garer tout au fond, à près de cinq cents mètres de l'entrée. La pluie torrentielle qui tombe depuis trente minutes m'a trempée en quelques secondes.

La maison est illuminée à mon arrivée et dégage quelque chose que je ne parviens pas à identifier. Pour la première fois depuis de longs mois, j'ai hâte de pousser la porte. Je rêve d'enlever mes vêtements mouillés qui me collent et de me détendre sous une bonne douche chaude. Je me prends même à espérer sentir les bras de mes enfants se resserrer autour de moi dans une étreinte pleine de tendresse.

Je me secoue et me rue hors de la voiture afin de m'abriter dans ce qui reste, malgré tout, mon cocon.

Dès que j'ouvre la porte, les garçons déboulent.

— Maman, maman ! hurle Léo.
— Maman, viens voir, viens vite ! crie Alexandre.

Ils m'attrapent chacun par une main. Même si j'ignore ce qui les met dans cet état, je savoure le contact de leurs paumes chaudes dans les miennes. De les avoir chacun à mes côtés, aussi excités l'un que l'autre. Unis. Mes yeux picotent, mon cœur s'envole, je me sens légère et un rire sort de ma gorge sans que j'en prenne conscience. Je n'ose pas leur demander de me laisser poser mon sac à main. Je ne leur parle pas de mes vêtements trempés ni de mes talons qui me font mal aux pieds. Je les suis en courant, prise dans leur enthousiasme.

Je m'arrête brusquement devant le canapé. Un félin noir me fixe de ses prunelles d'or. Mes enfants me lâchent et se lovent contre lui, chacun d'un côté.

— Regarde ! m'enjoint mon aîné.
— Il est beau, hein ? renchérit Léo.
— Oh !
— On le garde, hein, maman ? me supplie mon petit chat.
— S'il te plaît ? précise mon poussin qui connaît l'importance du « mot magique ».

Oubliant que je dégouline, je m'assieds sur le fauteuil à côté du canapé, indécise sur les paroles à prononcer, celles qui feront le moins mal. Comment leur rappeler mon allergie ? Leur dire qu'il doit appartenir à quelqu'un ? Je regarde de nouveau l'invité surprise et constate sa docilité, son poil soyeux. Ses ronronnements sont parfaitement audibles.

— Oui, il est beau...

Alex a compris. Mon poussin et son sixième sens. Il se redresse tandis que Léo est incapable de quitter son nouvel ami des yeux. Ses mains parcourent tendrement son pelage.

— Mais ?

La voix de mon grand tremble. Il a toujours rêvé d'un chat, il *sait* que ce n'est pas possible.

— Il a l'air choyé, il doit avoir une famille.

Je me sens minable devant les larmes de mon poussin qui menacent de déborder.

— C'est lui qui est venu, maman, je te jure. Hein, Léo ?
— Oui, il a même exigé qu'on lui ouvre ! Promis juré !
— Exigé ? À ce point-là ?

Depuis quand ne me suis-je pas moquée gentiment de leurs exagérations ? Malgré la situation, ces deux petites questions pétillent sur ma langue et je savoure cette sensation.

— C'était vraiment l'impression que ça donnait, confirme mon poussin.

— Si vous le dites… Bon, je regarde s'il y a une annonce sur Internet.

Je me lève et après un détour dans la cuisine pour m'éponger à la va-vite avec le torchon, je récupère la tablette sur la console de l'entrée. En me connectant sur les sites spécialisés, je prie pour trouver un maître qui cherche son chat noir désespérément. Ça sera plus facile pour les enfants. Ça restera un bon souvenir que je n'aurai pas gâché.

— Regardez s'il a un tatouage pendant ce temps-là.
— Où, maman ? demande la petite voix de Léo.
— Dans les oreilles ! Fais celle de droite, je prends la gauche, lui répond son frère, sûr de lui.

Je les entends murmurer des paroles réconfortantes à la pauvre bête pendant qu'ils la triturent sans doute maladroitement.

— On voit rien, je vais utiliser la lampe torche de mon téléphone, m'informe Alex en passant en courant près de moi.

Je me suis débarrassée de mes chaussures et fouille Internet sans succès.

— Y a rien, maman !

La joie dans la voix des enfants me perce le cœur. J'ai encore une idée cependant.

— Il est trop tard à présent, mais demain, s'il est toujours là, on l'emmènera chez le vétérinaire pour vérifier s'il n'a pas une puce.

— Et s'il n'en a pas ? demande mon bébé plein d'espoir.

— Elle est allergique, c'est mort, chaton.

La voix morne d'Alex s'adresse autant à son frère qu'à notre visiteur qui ronronne doucement sur ses genoux, comme pour le rassurer. Deux larmes sinuent sur ses joues.

— Non !

Léo s'enfuit à toute allure vers l'escalier.

— T'as pas le droit de me l'enlever ! Pas le droit !

Dans le salon désormais silencieux, je m'assieds à côté de mon poussin et, sous le regard perçant du chat, le laisse pleurer sans parvenir à le réconforter.

12
Aélys

Les grilles vont bientôt s'ouvrir, je m'approche lentement du collège quand je croise Léo qui arrive. Il me ressemble un peu, timide, isolé. Et lui aussi attend le dernier moment pour se présenter aux portes.

Tous les matins, je me mets en retrait dans une rue latérale, jusqu'à entendre la première sonnerie retentir. Je ne veux pas poireauter sur le parvis, au milieu des autres. Je crois qu'il fait de même. Parfois, je pense qu'on pourrait rester tous les deux, plutôt que chacun seul dans son coin. Je sens qu'il est différent. Même s'il n'a pas de très bonnes notes, il ne se moque pas de moi. Je compare souvent le collège à une meute de loups. Léo serait un oméga, comme moi. C'est censé nous rapprocher, non ?

Je me remémore l'épisode de la semaine dernière, celui où je suis persuadée qu'il me suivait quand il y a eu des bruits... suspects. Je crois que c'est le bon mot. Je soupçonne que quelque chose se soit passé, même si, au moment où je me suis retournée, le couloir était vide. J'ai l'impression qu'il rase encore plus les murs depuis ce jour, que son regard s'abîme dans la contemplation de ses chaussures la quasi-totalité de la récréation.

Soudain, j'aperçois derrière Léo un chat noir qui ressemble comme deux gouttes d'eau à Einstein. Sans réfléchir, je m'approche de mon camarade.

— Salut, tu as un chat ?

Il ne semble pas m'avoir entendue et, sans même poser les yeux sur moi, s'insère dans la queue pour franchir les grilles du collège. Je me sens idiote et j'ai l'impression que tout le monde me dévisage. Le rouge me monte aux joues. Je n'avais encore jamais adressé spontanément la parole à qui que ce soit. Pas que je m'en souvienne en tout cas, ça s'est peut-être produit à la maternelle. Il faut que je fasse quelque chose, vite.

Le temps que mon cerveau mouline dans le vide, il s'est déjà engouffré dans le collège. J'aurais dû insister, lui montrer le chat. Il l'observait lui, et pas un autre élève, j'en suis persuadée. Comme d'habitude, la bonne réaction arrive après coup. Je regarde le sosie d'Einstein qui s'est assis tranquillement et fixe Léo jusqu'à ce qu'il disparaisse dans la cour. Non, je ne me fais pas des idées, ce chat a un rapport avec Léo. Je sens la curiosité me ronger.

— Tu fais quoi ? Je vais fermer !

La voix du surveillant me sort de mes pensées et je me rends compte, horrifiée, que je suis la dernière.

Tous les élèves sont rangés et certaines classes commencent à monter. Je n'ai pas entendu la deuxième sonnerie. Les larmes débordent en une seconde. Je vais devoir courir au milieu d'eux. Peut-être même arriver en retard et devoir m'expliquer puis m'installer alors que tout le monde sera déjà à sa place. Le centre de l'attention.

Je résiste à l'envie de faire demi-tour, il est pourtant tentant de me faire porter pâle. Malheureusement, le pion m'a remarquée. Je me fraye un chemin malgré ma vue embuée, pestant contre mon incapacité à retenir le flot qui se déverse. Le pire s'est produit, ma classe n'est plus dans la cour. Une main se pose sur mon épaule juste avant que j'atteigne l'escalier.

— Aélys ? Qu'est-ce qu'il se passe ? me demande d'une voix douce la CPE[3].

— Je... je... suis...

Je ne parviens pas à finir ma phrase, l'angoisse me coupe presque la respiration et je commence à suffoquer. Les dizaines de regards qui se tournent vers moi ne m'aident pas. Je les sens friands du spectacle que je leur offre sur un plateau, malgré moi.

---

[3] Selon la fiche métier du site de l'ONISEP, son rôle est : « Figure incontournable du collège et du lycée, le CPE (conseiller principal d'éducation) seconde le chef d'établissement dans l'organisation de la vie scolaire et assure le lien entre les familles et l'équipe pédagogique. » Et mon avis de maman le confirme : c'est une personne essentielle et un appui fort pour l'élève si le CPE est investi (même si l'on espère toujours que son enfant n'en aura jamais besoin).

— Suis-moi.

Madame Dubuis se dirige vers son bureau. Non, non ! Je n'ai jamais été convoquée, ça ne peut pas m'arriver. C'est la première fois de ma vie que je suis en retard. La rentrée remonte à quelques semaines, elle ne me connaît pas encore bien, mais je n'ai pas attiré l'attention. Je ne suis pas une fautrice de troubles.

Une évidence me frappe soudain : elle m'a appelée par mon prénom. À part en ayant une mémoire extraordinaire, il est impossible de se souvenir de chaque élève aussi vite. Nous sommes près de cent cinquante en classe de sixième.

Je la suis à petits pas et m'assieds sur la chaise qu'elle me désigne pendant qu'elle ressort du bureau. Pourquoi ? Est-ce qu'elle va chercher le principal ? Est-ce si grave d'être en retard ? Donnent-ils une leçon à la première bêtise pour faire passer l'envie de récidiver ?

Aélys, calme-toi. Profite que tu sois seule pour respirer par le ventre. Inspire, expire, inspire, expire.

Mes exercices de relaxation peinent à fonctionner. Je commence à haleter. C'est cependant mieux que de suffoquer, non ? J'observe le sol en résistant au désir de m'y rouler en boule, à l'abri dans mon monde.

Comment cette matinée a-t-elle pu aussi mal démarrer ?

13

ALEXANDRE

Vu que ma prof de français est absente, je termine à la même heure que Léo. Dans ce genre de situations, normalement, nous rentrons chacun de notre côté. Lui prend le bus dès qu'il sort, moi, je discute avec mes potes et attends le suivant. Hors de question qu'on sache que mon petit frère est au collège ! Ça rend maman folle, elle aurait aimé que je veille sur chaton dans les transports, puisque comme moi à l'époque, Léo refuse qu'elle vienne le chercher en voiture. C'est trop la honte, sérieux. D'autant plus que la connaissant, elle nous aurait affichés en faisant de grands signes en criant « poussin » et « chaton » devant tout le monde.

Je repère enfin mon frangin et l'air de rien, je m'approche jusqu'à me coller à lui.

— On rentre à pied ?

J'ai chuchoté, pourtant, si j'en crois ses sourcils levés et le léger acquiescement de la tête, il a entendu.

Nous cheminons côte à côte sans échanger un mot le temps de sortir de la cohue. Mes potes m'appellent, mais je leur crie que je ne peux pas ce soir. Ils regardent bizarrement mon frangin qui est un chouia trop près de moi, je hausse les épaules et ignore ma petite glu.

Ma gorge s'assèche, je n'avais plus pensé à lui en ces termes depuis un bail. Quand nous étions tout gamins, il me suivait à la trace. Quoi que je fasse, j'avais mon admirateur. Je me sentais grand et fort, je lui expliquais la vie. Comment rendre chèvre nos parents, comment échapper aux punitions. C'est moi qui lui ai appris à colorier sans dépasser, à assembler patiemment les pièces de ses puzzles de bébé, à recracher les noyaux d'olive en visant la poubelle pendant qu'on faisait croire qu'on devait se relaver les mains. Et je passais des heures à lui raconter des histoires. Je prenais des livres, étudiais les images et essayais de me souvenir de ce que les parents avaient dit. Puis je brodais. Je pouvais rester un temps fou sur une illustration qui m'inspirait, rempli de la fierté que le regard plein d'adoration de mon frère provoquait. C'est moi aussi qui ai décidé qu'on l'appellerait petit chat. Dès qu'il a su se déplacer à quatre pattes, il venait se blottir contre moi sitôt que j'entrais dans son champ de vision. Il ne se réveillait pas brutalement comme les autres bébés de la crèche, mais ouvrait ses yeux à demi et s'étirait longuement avant de pleurer pour attirer l'attention. Un vrai chaton.

Nous sommes désormais à deux cents mètres du bahut, mes copains ne sont plus en vue. Je regarde mon frère, son air grognon. Est-ce qu'il m'en veut de la distance que je mets entre nous là maintenant ? Alors qu'il passe son temps à me rejeter ? Ou bien c'est à cause des céréales ? Ça a bardé avec les parents...

— Ça va, on ne marche pas trop vite ?

Comme un con, je n'ai pas réfléchi avant de le faire trotter plusieurs kilomètres imprévus. Est-ce que c'est une grosse dépense énergétique ? Je ne m'en rends pas compte, j'occupe mes week-ends à parcourir Toulouse de long en large avec mes potes. Discrètement, je ralentis l'allure.

— Non, c'est bon. Tu veux quoi ?
— Faut qu'on mette au point un plan pour maman.
— Pour le chat ?
— Ouais, j'ai rien senti. S'il n'a pas de puce électronique, ça signifie qu'il n'est à personne.
— Et donc qu'il peut être à nous ! s'exclame Léo, une étincelle dans le regard.
— C'est ça, frangin. Mais maman va faire de la résistance...
— À cause de son allergie ?
— Tout juste.

Je me creuse la tête pour trouver une solution. Si elle n'a jamais accepté d'adopter un chat quand j'en réclamais un, elle cédera peut-être pour faire plaisir à son fils préféré ?

— Et si elle prenait des médicaments ? propose Léo.
— Bonne idée, je regarde sur Internet.

Je sors mon téléphone et commence mes recherches.

— OK, donc y a deux trucs, expliqué-je. Soit elle traite son allergie avec un comprimé tous les jours...
— C'est rien, ça !

Forcément, à côté de toi...

— Yep. Soit elle se fait désensibiliser.
— Désensi-quoi ?
— Dé-sen-si-bi-li-ser, articulé-je le mieux possible. C'est prendre une faible dose d'allergisant tous les jours pour que le corps s'habitue.
— Ben, si y a le chat à la maison, ça va être ça, sa désensitruc.

Pas con, le frangin, j'espère que son idée fonctionnera.

— On va essayer d'argumenter là-dessus. En équipe ?
— En équipe !

Nous nous topons dans la main pour sceller notre accord et l'avenir m'apparaît radieux d'un coup. À nous deux, nous arriverons bien à la faire flancher, non ?

— On en parle à papa ? m'interroge Léo.
— Il faudrait déjà qu'il soit à la maison... Tu crois qu'il a remarqué le chat ?

Son regard devient triste et il hausse les épaules. Nous avançons en silence.

— Tu penses qu'on peut commencer à réfléchir à comment on va l'appeler ?

La note d'espoir dans sa voix me serre la gorge. Est-ce que lui donner un nom nous aidera ? Ça sera plus dur de l'abandonner, et même si maman est allergique, je sais qu'elle aura le cœur brisé. D'un autre côté, notre mère déteste qu'on lui force la main et ça la met en colère. Et elle dit plus facilement non quand elle est énervée.

— On attend, chaton. Avec un peu de chance, on choisira ça tous ensemble.

— Conseil de famille ! crie-t-il en poussant le portillon.

14
Nom inconnu

Tandis qu'elle se mordille la lèvre, ses yeux font un va-et-vient entre la pendule face au canapé et la porte. C'est ainsi depuis qu'elle est rentrée il y a un petit moment. Elle s'inquiète pour Léo, qui n'est pas à l'heure, ce n'est pas dans ses habitudes. Elle a consulté l'emploi du temps des garçons sur Internet et s'est aperçue qu'en raison d'un professeur absent, Alexandre finissait à la même heure que son frère. Aucun des deux ne répond, ni aux textos, ni quand elle appelle. Je le sais, car elle me détaille tout ce qu'elle fait. Je suis ravi de constater qu'elle me fait déjà confiance, bien qu'elle fasse tout pour que je parte. Non, ce n'est pas complètement exact. Elle m'a expliqué qu'elle vérifiait si je n'avais pas une famille quelque part qui me cherchait. Qu'elle serait triste s'il y avait un enfant inquiet d'avoir perdu son chat. C'est tout à fait honorable et je sens sa sincérité. La question qui subsiste est : que va-t-elle faire quand elle se rendra compte que personne ne m'attend ailleurs ?

Je ne pense pas qu'elle l'ait remarqué, mais à chaque fois qu'elle a prononcé le mot « chat », j'ai froncé le museau. Si ces magnifiques créatures sont inspirées de nous, je ne suis pas un vulgaire animal. En la fixant droit dans les yeux, j'ai essayé de lui expliquer qui j'étais et notre rôle depuis des millénaires. Malheureusement, elle a érigé – sans doute involontairement – une barrière psychique entre nous. Pourtant, je la sens très intuitive, j'ai donc bon espoir que la situation s'améliore rapidement.

C'était tellement simple, des siècles plus tôt, quand la magie était acceptée. Non, ce n'est pas le terme approprié puisque les humains en ont toujours eu peur. Pour preuve, la fin tragique de Brunissende[4], malgré son prénom et ma présence. Elle a fini sur le bûcher à vingt-six ans après des années à se cacher. De tout temps, les anges gardiens ont protégé et accompagné les sorciers et les sorcières. Nous les aidions à maîtriser leurs pouvoirs en canalisant leur énergie. Ce n'est pas pour rien que les Égyptiens nous vénéraient.

La porte qui s'ouvre interrompt notre face-à-face silencieux. Elle se lève d'un bond et m'adresse sans s'en rendre compte un sourire radieux. Je décide de rester sur le fauteuil pour lui laisser le plaisir des re-

---

[4] Prénom dérivé de Bruno et qui vient du germain « brun » ce qui signifie « bouclier ». Il faut savoir que les êtres doués de magie n'étaient pas nommés au hasard ou selon les goûts des parents. Brunissende est née en pleine chasse aux sorcières, d'où ce choix de sa mère, pour l'aider comme elle le pouvait.

Note du protecteur.

trouvailles avec ses enfants. Ils viendront bien me câliner de toute façon, pas la peine de bouger.

— Alex, Léo ! J'étais si inquiète ! s'écrie-t-elle en les serrant dans ses bras.

— Ben, faut pas, m'man, la rassure mon protégé d'une voix fluette.

— Je vous ai appelés sur vos téléphones une dizaine de fois !

Je vois Léo blêmir tandis que son frère extrait d'un geste agile son portable de sa poche tout en se dégageant de l'étreinte étouffante de sa mère.

— Désolé, maman, j'ai oublié de remettre le son en sortant du collège.

— Pourquoi vous rentrez si tard ?

— Problème de bus, du coup, on a fait le chemin à pied. Ensemble ! Et doucement, t'inquiète pas pour chaton.

Le mensonge de l'aîné se propage dans la pièce et vient me chatouiller les narines. Un de mes pouvoirs. Je sais toujours si les gens sont sincères, je sens les ambiances, les sentiments des êtres vivants. J'admire son aplomb, il n'a même pas tressailli. L'habitude ?

— La prochaine fois, pensez à me prévenir. Vous connaissez les règles pourtant, non ?

— Pardon, m'man ! s'écrient les garçons en chœur et en lui sautant au cou pour la couvrir de baisers.

Elle soupire bruyamment, tandis qu'un immense sourire dément sa tentative de paraître en colère. Dès que les enfants la lâchent et que ses mains sont libérées, elle attrape une espèce de caisse en plastique rouge.

— Tiens, va mettre notre hôte là-dedans, enjoint-elle à Alexandre.

— Pourquoi faut l'enfermer ? lui demande son cadet tandis que le grand me rejoint.

Je tends les oreilles, car la réponse m'intéresse. Bien entendu, je serai docile – tant que je ne suis pas adopté officiellement, tout du moins. Cependant, j'aimerais bien savoir pourquoi je dois rentrer dans cette prison.

— Pour nous rendre chez le vétérinaire. Nous allons sortir dans la rue, monter dans la voiture, il pourrait se blesser ou causer un accident s'il prend peur.

Mouais. Un chat peut-être, un ange gardien, certainement pas. Néanmoins, j'apprécie l'honnêteté qui émane de Sandra. Je ne l'ai encore jamais entendue mentir à ses enfants, même quand ça serait plus simple ou plus rapide.

— C'est pour sa sécurité alors ?

— Oui et la nôtre.

Rassuré, Léo se précipite vers son frère qui me présente la boîte ouverte et m'explique qu'il faut que j'y rentre.

— Tiens, chaton, t'essaies de le prendre pour le mettre dedans ?

— Je ne sais pas faire, je vais lui faire mal, lui répond mon protégé en reculant tandis que je ronronne de plaisir devant sa prévenance.

— Tu tiens la caisse alors ? Tu refermes dès qu'il est à l'intérieur, OK ?

— D'accord.

Ils échangent de place, Léo maintient fermement ma prison provisoire entre ses bras frêles tandis qu'Alexandre commence à me caresser.

— Désolé, mon chat, mais il va falloir que tu ailles dans la boîte pour qu'on prouve à maman que tu n'as pas une famille ailleurs.

Je m'étire et monte sur ses genoux. Je veux bien être conciliant, toutefois, je ne vais pas me fourrer moi-même là-dedans. S'ils tiennent à m'enfermer, qu'ils fassent le sale boulot !

— Bonjour, nous avons trouvé un chat et nous voudrions vérifier s'il est pucé. Est-ce que c'est possible ?

— Bien sûr, suivez-moi, je vous prie.

Nous nous déplaçons de nouveau, c'est extrêmement inconfortable. Jamais je n'avais connu ça avant et je n'aime pas du tout, je préfère encore le bateau. Je sais de quoi je parle, j'ai été l'ange d'un pirate tombé dans l'oubli qui a inspiré l'histoire de Robin des Bois. Le nom de Paul des Mers ne dit rien à personne tandis que le personnage de fiction est devenu légendaire. La vie est parfois injuste !

Mon navigateur pillait les navires des rois, se battait avec les corsaires et distribuait l'argent récolté aux pauvres après avoir payé les membres de son équipage qui n'avaient pas l'âme aussi pure que la sienne. Les premières semaines avaient été difficiles à cause du roulis et du manque de territoire, sans même parler de la mauvaise réputation des chats noirs, déjà à l'époque. D'autant plus que la population des bateaux était encore plus superstitieuse que le reste du peuple. Je n'ai pas été accueilli à bras ouverts. Il nous a fallu du temps pour nous habituer – moi aux ballottements et à l'espace restreint ; les hommes, à ma présence – et j'ai fini par être heureux avec Paul. Mais c'est une autre histoire.

Je sens qu'on pose la boîte qui m'emprisonne sur une surface dure. Depuis notre départ de la maison, les enfants me murmurent des petits mots, ils essaient de me distraire et de me rassurer. J'ai beau être âgé de plusieurs siècles, j'y puise du réconfort pendant cette épreuve.

Enfin, l'horizon s'éclaircit avec l'ouverture de la grille. Je me retiens de bondir en crachant partout et j'attends avec dignité qu'on m'invite à sortir. Une tête inconnue apparaît brusquement devant moi et je sursaute. Ils vont avoir ma peau en quelques heures !

— Coucou, toi, tu viens me voir ?

Elle passe ses mains dans ma prison et m'attrape avec une ferme délicatesse. Je sens qu'il faut obtempérer et je me laisse porter. L'étrangère me pose sur la table en me maintenant par la peau du cou. Je ne peux contenir un miaulement de mécontentement. Est-ce une façon de me traiter ?

Ça ne l'émeut pas une seconde, elle va même jusqu'à rire en s'emparant d'un objet non identifié. Je crois que Léo aura des choses à m'apprendre sur son époque, je me sens un tantinet largué. Ai-je passé trop de temps à me prélasser en vacances au Paradis entre ma dernière mission et celle-ci ? Ça ne remonte pas à si loin, pourtant... À mon échelle en tout cas.

— Tu as du caractère, toi ! Ne bouge pas, j'en ai pour une minute. On va voir si le lecteur te trouve une puce.

Au moins, elle a l'intelligence de s'adresser directement à moi, même si je ne comprends pas trop ce qu'elle cherche. Un ange n'a pas de parasites, aucun n'oserait sucer notre sang sacré ! Et un chat en est vite infesté, il n'en a pas qu'un. Malgré ses légères rides, elle débute peut-être ? Tout en me palpant, elle passe son bidule le long de mon corps et me remet dans la caisse avec une caresse. Elle n'était pas si méchante en fin de compte.

— Désolée, il n'est pas identifié. Vous avez regardé les annonces ?

— Oui, personne n'a l'air de le rechercher, répond Sandra.

— Étrange, il semble soigné, même s'il n'est pas castré. Et un beau chat comme ça…

Plutôt gentille même, finalement. Si l'on omet son allusion à ma virilité que je trouve passablement inconvenante.

— Il a essayé de sortir depuis que vous l'avez recueilli ?

— Après avoir dormi cette nuit à la maison, il est parti ce matin. À mon retour du travail, il m'attendait, tranquillement installé sur une chaise longue, dans le jardin.

Elle ne mentionne pas sa surprise en me revoyant. Et à mon grand étonnement, j'ai aussi perçu un autre sentiment, tout petit, à l'image d'une tête d'épingle : le soulagement. J'aime saisir la complexité des émotions humaines, je découvre seulement Sandra, mais bientôt, j'espère comprendre.

— Il ne semble donc pas perdu. Vous souhaitez le garder ?

— Oui !

Alexandre et Léo se sont de nouveau exprimé en chœur, preuve s'il en fallait une que ma présence ne peut que ressouder leurs liens distendus.

— C'est compliqué, tempère leur mère.

J'ai une vue incomplète de ma prison, néanmoins, l'inconnue est pile dans ma ligne de mire et ses yeux font un va-et-vient de chaque côté de ma caisse, certainement des garçons à Sandra.

— Bien. Si vous décidez de l'adopter, vous pouvez passer quand vous le souhaitez le matin pour l'identification et les vaccins. L'après-midi, nous recevons sur rendez-vous, si vous préférez. Dans le cas où il vous serait impossible de le garder...
— Non...

Les trémolos dans la voix de mon protégé me donnent envie de bondir de la cage et de me blottir dans ses bras pour le rassurer. Je perçois un froissement de tissu, Sandra doit l'avoir pris contre elle pour lui faire un câlin.

— ... appelez-moi, je vous donnerai les coordonnées des associations les plus proches.
— Je vous remercie.

Ma prison décolle à nouveau et mon mal de cœur redémarre. J'entends à peine les au revoir que nous sommes déjà dans la voiture.

15

Antoine

— Salut !

Je lui réponds d'une pauvre grimace et nous nous dirigeons en silence à l'extérieur du bâtiment.

— Je ne reste que cinq minutes, sinon je vais être en retard pour le dîner.

— Tu as pris de bonnes résolutions ? me demande Fred avec un sourire chaleureux.

— Oui, le week-end dernier a été l'occasion de mettre certaines choses au point. Je me suis promis de rentrer manger avec eux au moins un soir par semaine.

— C'est déjà un début.

— Je me sens con...

— Tu veux en discuter ?

Je la regarde, elle est ce qui se rapproche le plus d'une amie pour moi en ce moment. Et surtout, elle ne connaît ni Sandra ni les enfants. C'est plus facile de me confier à elle qu'à Donato par exemple.

— On s'est disputés, avec ma femme. Elle souhaitait me parler et j'ai fui la maison.

— Encore plus que d'habitude ?

Fred, toujours si directe que ça me fait rire.

— Et pas qu'un peu. Je suis rentré avec un coup dans le nez vendredi soir, la laissant tout gérer seule. Je crois que j'avais peur qu'elle me fasse des reproches.

— Et au final, ce n'était pas le cas ? me pousse-t-elle.

— Pas à la base, non. Tu sais qu'un de mes fils est malade ?

— Oui, tu l'as déjà sous-entendu, répond mon amie en hochant la tête.

— On doit surveiller son alimentation. Plus que ça même, la contrôler. Il y a des trucs qu'il faut éviter par exemple. Dont certains qu'on ne peut pas lui interdire, parce que c'est qu'un gosse et que s'il n'en mange pas, il n'acceptera rien d'autre à la place, et c'est pire pour sa santé. Les céréales, notamment. On a négocié avec lui et le médecin : il peut en prendre chaque jour en quantité raisonnable, une seule fois, en respectant son planning. En général, au goûter, vu que Sandra se lève tôt le matin pour préparer un petit-déjeuner anglais à toute la famille, bien plus sain.

Je m'arrête, ma gorge est nouée. C'est incroyablement difficile pour lui d'être différent. À l'âge où l'insouciance règne en maître, lui doit tout anticiper, tout réfléchir. Tellement injuste ! Je suis pris d'une bouffée de haine contre son diabète, contre la vie qui impose ça à des gamins innocents.

— Ça va t'aider, me dit Fred en me tendant une cigarette que j'attrape avec gratitude.

— Merci. Quand on a su qu'il était malade, petit, Sandra a obtenu un mi-temps à son boulot pour s'occuper de lui. Il était totalement dépendant, encore plus qu'un gosse « normal ».

J'ai mimé les guillemets avec mes doigts et Fred pose une main sur mon avant-bras. Je sens sa chaleur transpercer ma chemise et ça me donne le courage de continuer.

— Depuis presque un an, on travaille, enfin, mon épouse et l'équipe thérapeutique, pour le rendre autonome. Surtout avec le collège où il est moins surveillé qu'à l'école. Il gère ses contrôles, ses injections et la composition de son plateau-repas au self même si un adulte jette un coup d'œil rapide.

— Ça se passe bien ?

— Visiblement oui, il est malade depuis tellement longtemps qu'il a acquis des automatismes. Pour autant, ce n'est pas encore envisageable que Sandra refasse un 35 heures. Elle est présente pour le petit-déjeuner et le goûter, elle veille à ce que tout aille bien.

Cette conversation est une vraie torture, je mets des mots sur notre situation et je me rends compte que je suis un lâche. J'en avais conscience, pourtant, j'ai l'impression de me prendre tout ça en pleine face. Que va penser Fred de moi ?

— Il y a eu un problème ? me relance mon amie.

— Sandra a dû former ces derniers temps une nouvelle collègue, ce qui a décalé son retour à la maison… Notre aîné lui a conseillé d'aller vérifier le stock de médicaments à cause des céréales qui disparaissaient trop vite. On savait qu'elles étaient dévorées, par contre, nous étions persuadés que c'était Alex. Il adore ça et nous l'avons déjà surpris la main dans le paquet plus d'une fois.

— Ce n'était pas le cas ?

La pression sur mon bras s'est affermie, j'ai l'impression que c'est la seule chose qui me tient debout. J'apprécierais un petit banc là tout de suite.

— Non, c'est Léo qui n'arrive plus à se contrôler. Il a été jusqu'à tricher dans son carnet de suivi, les quantités d'insuline marquées ne correspondent pas au stock restant. Habituellement, Sandra le surveille de très près. Il sait pourtant combien c'est important de tout noter et d'indiquer les doses réellement prises. Mon épouse était dans tous ses états. Elle culpabilise de n'avoir rien vu, d'avoir trop travaillé, trop fait confiance. Alors qu'elle n'a rien à se reprocher. Elle essaie d'être parfaite tout le temps.

Je ne peux plus prononcer un mot supplémentaire. C'est trop dur. Les larmes de ma femme, sa détresse profonde. Et moi qui restais les bras ballants, comme un con, comme un étranger dans sa maison. C'est Alex qui s'est rendu compte du problème. Je m'en veux, en n'étant jamais là… Sandra qui est toujours si présente pour eux... Que doit-elle ressentir ? Ça s'est passé dans son dos sans qu'elle ne voie rien, persuadée que malgré ses colères, malgré ses difficultés, Léo ne jouerait pas avec sa maladie. Les risques sont trop grands pour seulement y penser.

Bien entendu, nous avons essayé de parler avec lui. Ensemble, chacun séparément... Rien à faire, il accuse son frère, hurle contre notre manque de confiance d'avoir osé vérifier son stock de médicaments.

Évidemment, ça s'est retourné contre nous. L'ambiance était toxique à la maison. Heureusement que j'avais mon sac de frappe. Heureusement qu'Alex était chez Aroon. Mais Sandra, qu'est-ce qu'elle a ?

Nous nous sommes gueulés dessus au milieu des cris de notre fils. Je ne suis jamais là, elle est en train de se noyer et je ne lui tends même pas la main. Ses reproches étaient tellement justifiés qu'ils en étaient insupportables à entendre.

Hier soir, je n'ai pas réussi à rentrer pour le dîner, je suis parti à l'heure pour, mais j'ai roulé sans but pendant près de deux heures, terrifié par ce que je sens m'échapper. J'ai fini par m'arrêter sur une aire d'autoroute et j'ai appelé Denise. On a besoin d'elle, même si Sandra ne l'admettra jamais.

Je suis dans ma voiture, prêt à démarrer. Je n'ai pas le souvenir d'avoir dit au revoir à Fred ni d'avoir pris le métro. Dans quel état suis-je ? Vais-je tenir longtemps ainsi ?

Je me rends compte que j'ai un papier dans la main. Un nom, un numéro de téléphone. Je ne connais pas l'écriture.

Dès que je franchis le seuil, je redoute un problème. Je ne sens pas l'odeur de la nourriture m'accueillir malgré mon léger retard. Sandra a toujours, toujours, préparé le repas à l'heure. Peut-être mangeons-nous froid ce soir ? Je ne connais pas le menu, il y a longtemps que je ne l'ai pas regardé. Il est pourtant partout : frigo, porte d'entrée, bureau de Léo, commode de notre chambre. Impossible de passer à côté sauf si l'on décide d'être aveugle.

— Chérie ? Les enfants ?

— Oh, tu es là ?

Sandra est dans le salon, assise sur le canapé et lève la tête vers moi à mon arrivée. Elle a l'air perdue de me voir. Plus l'habitude, sans doute. Elle regarde, hagarde, l'horloge puis la table de la salle à manger. D'un coup, elle ouvre la bouche, horrifiée.

— J'ai oublié de m'occuper du dîner !

D'un bond, elle s'élance dans la cuisine où je la suis.

— Tu veux que je t'aide ?

Elle se fige et ses épaules se contractent imperceptiblement sous son pull. Elle se retourne, me dévisage un instant, décontenancée par ma proposition. J'ai un flash de l'époque où nous préparions les repas en commun. Ni l'un ni l'autre n'aimions ça et lors de notre emménagement, nous avions conclu un pacte : ensemble pour cette galère. Comme pour le reste, j'ai lâché.

Elle me sort du réfrigérateur un récipient contenant des pommes de terre cuites à la vapeur. Je l'attrape et m'installe à l'îlot central pour enlever la peau tandis qu'elle mélange tomates, œufs durs et maïs. Elle a certes oublié la préparation finale, mais pas l'anticipation.

Très vite, elle me rejoint avec le saladier déjà presque à moitié rempli pour couper en dés ce que j'ai épluché.

— Tu te rappelles Marc, mon collègue de bureau ?

Son regard est interrogateur. Est-ce parce que cette situation banale ne l'est plus pour nous depuis des mois ? Ou parce qu'elle ne se souvient plus de lui ?

— Tu m'en as vaguement parlé quand il est arrivé, il y a trois ou quatre ans, il me semble. (Elle s'interrompt, songeuse.) De mémoire, il est plutôt discret, agréable sans être sympathique pour autant.

— Quelle mémoire ! Vendredi soir, au pot de Didier, j'ai appris qu'il était gallinophile !

— Ça a quelque chose à voir avec les gallinacés ?

— Tout juste, il collectionne les bibelots de poules. Bon, la gallinophilie se rapporte aux poules et aux coqs, mais je n'ai rien trouvé d'autre.

— Il en a beaucoup ?

— Plein, je te laisse imaginer les photos qu'il m'a montrées, c'est horrible.

Elle se détend enfin un chouia et je m'autorise un léger rire. Rien qui ressemble à notre complicité antérieure qu'il va falloir reconstruire petit à petit, néanmoins, c'est un premier pas.

— Au fait, il y a un invité surprise dans le salon, tu l'as aperçu ? me demande-t-elle avec un sourire en coin.

Stupéfait, j'en lâche mon couteau et me rue dans la pièce adjacente. Un matou, confortablement installé dans le canapé, me regarde et émet un petit miaulement.

Troublé, je reviens dans la cuisine.

— Mais... ? est tout ce que j'arrive à sortir.

— Il est venu squatter hier soir quand les garçons étaient seuls. J'ai farfouillé sur tous les sites d'annonces sur Internet, fais le tour du pâté de maisons, personne ne semble le rechercher. J'ai discuté avec la voisine d'en face en lui empruntant une caisse de transport, elle est sûre que personne dans le quartier n'a de chat noir...

— Si elle le dit, ça doit être vrai, c'est une sacrée commère !

Je suis sous le choc, elle est là, tranquillement en train de couper ses patates tandis que l'animal se prélasse dans le salon. Un chat ! Elle y est allergique et j'ai dû laisser Patapouf chez mes parents quand j'ai emménagé avec elle, il allait jusqu'à l'empêcher de respirer.

— Pourquoi tu lui as emprunté une cage de transport ?

— On a été chez le vétérinaire quand les enfants sont rentrés pour voir s'il était identifié.

— Je suppose qu'il ne serait plus là si c'était le cas.

— Exact. Il faut maintenant décider de ce qu'on fait de lui.

Au même instant, l'objet de notre discussion arrive d'une démarche majestueuse et saute avec souplesse près de nous. Il tourne et s'allonge à quelques centimètres de Sandra.

— Il me suit partout. C'est bizarre, non ?

— Je ne sais pas, il doit sentir que tu ne vas pas l'embêter.

— Peut-être, dit-elle en le regardant d'un air perplexe.

— Du coup il est à la maison depuis quoi ? Vingt-quatre heures ? Comment ça se passe ?

— En ce qui concerne mes allergies ? Étonnamment bien. J'ai juste le nez qui me grattouille si je le caresse.

— Il a dormi où ?

— Il a rejoint Léo pour le coucher et l'a veillé jusqu'à ce qu'il soit dans les bras de Morphée. Puis il est allé dans la chambre d'Alex. Je ne sais pas s'il y est resté. Il attendait devant notre porte quand je me suis levée.

— Alex t'a dit quoi ?

— Que le chat avait passé la nuit avec lui, cependant, Léo est persuadé de la même chose.

— Aïe, dispute ?

— Petite, il s'est glissé entre eux et a réclamé des câlins, ça a coupé court.

— Pratique !

— C'est ce que je trouve aussi, me répond-elle pensivement.

Je n'arrive pas à croire que je ne me sois pas rendu compte de la présence de cet animal chez moi ! Visiblement, il n'a pas daigné se manifester à moi. Quantité négligeable ?

J'ai terminé d'éplucher et aide Sandra à découper les dernières pommes de terre tout en réfléchissant à cette situation inédite. J'attrape le saladier qui menace désormais de déborder, ainsi que le bol de vinaigrette maison de ma femme et dépose le tout sur la table.

— Et du coup, tu veux faire quoi ?
— Je ne sais pas. Conseil de famille pendant le repas ?
— Bonne idée. Sandra, je serai de ton côté, quelle que soit ta décision.

Ses yeux s'humectent et elle hoche la tête, remerciement silencieux. Je l'embrasse sur le haut du crâne, déterminé – pour de vrai cette fois – à être plus présent pour elle.

— J'espère que le dîner va bien se passer...
— Ça se déroule mal en ce moment ?
— Ça nous coûte quasiment une assiette par jour...

Je grimace. Pas pour la vaisselle, pour ce que ça implique. Croisons les doigts pour que le sujet du chat tranquillise les esprits. Au moins pour une soirée.

16

ALEXANDRE

On frappe à la porte de ma chambre que j'ai fermée à clef pour ne pas être dérangé. Petite nouveauté pour laquelle j'ai reçu, à ma grande surprise, le soutien de papa. Bon, j'aurais préféré qu'il ne fasse pas de lourds sous-entendus sur mes hormones adolescentes, c'était trop gênant. Enfin, j'ai désormais la possibilité de m'isoler et ça, ça n'a pas de prix.

De nouveau, de légers coups résonnent. Je soupire en planquant sous mon oreiller l'album photo que je feuilletais. Ça doit être maman, et hors de question qu'on se fasse une séquence souvenirs tous les deux pour le moment. J'ai conscience que je suis dur avec elle, mais j'ai besoin de me détacher quelque peu de sa présence étouffante.

J'ouvre en me tenant le bide, j'ai trop mangé, emporté par le plaisir d'un repas en famille et notre discussion autour du chat. Je suis surpris de découvrir Léo qui me supplie presque du regard de le laisser entrer.

— Qu'est-ce que tu veux ?
— Je peux te parler ?
— OK.

Je cache mon étonnement et m'efface juste assez pour lui permettre de se faufiler. La porte refermée derrière lui, il se dandine, ne sachant pas où se mettre. D'un mouvement du menton, je lui indique le lit où nous passions des heures ensemble à lire ou mater des vidéos, il y a une éternité.

— T'as changé des trucs, c'est sympa.

Je regarde ma chambre avec surprise. J'ai déjà oublié que cet été, lors du grand tri annuel organisé par maman, j'en ai profité pour bouger mes meubles, et ma piaule paraît plus spacieuse ainsi. Faut dire que j'ai viré certains jouets que je gardais plus par nostalgie qu'autre chose et ça libère de la place mine de rien.

Je m'installe à côté de lui en m'allongeant à moitié sur l'oreiller, histoire que mon frangin ne tombe pas sur les photos sans faire exprès. Son regard se pose sur l'affiche de Soprano, mon artiste préféré. Je m'endors souvent au son de ses chansons. *Clown* et *Barman* résonnent tellement en moi…

— Il est cool, ton poster.
— Merci, ça fait longtemps que tu n'es pas venu, petit chat.

Il hoche la tête et se met dans la même position que moi.

— Tu voulais me dire quoi ?

J'espère qu'il ne va pas falloir lui tirer les vers du nez, car il est assez secret. Les parents n'arrivent jamais rien à en sortir quand il a décidé de se taire. On pourrait croire que parce qu'il est venu, ça sera plus facile, pour autant, je sais par expérience que ce n'est pas toujours le cas.

Il ne quitte pas des yeux l'image du chanteur et commence à triturer la manche de son pull.

— J'ai...

J'hésite quant à l'attitude à adopter. Il y a encore un an, je l'aurais pris dans mes bras pour qu'il enfouisse son visage contre mon torse et qu'il lâche tout. Il a vraiment l'air mal, les mots ne sortent pas. Mais tellement de choses ont changé depuis... Il n'arrête pas de me rendre responsable de tout, de me hurler dessus. C'est trop facile de revenir comme ça, la bouche en cœur.

— Quand tu veux, hein !

Il tourne la tête vers la porte et ça m'évite de continuer à voir sa tronche de chien battu. Je m'attends à ce qu'il se lève et shoote dans mon fauteuil en quittant ma chambre à grand bruit, pourtant, il ne bouge pas. J'attrape mon téléphone et lance une nouvelle partie, il parlera quand il en aura envie.

Je suis tellement absorbé par mon jeu que je sursaute quand je le sens remuer près de moi. J'avais complètement oublié qu'il était là. Son visage est constellé de larmes. Ma colère fond instantanément, c'est mon petit frère, merde.

Je le serre fort et il bascule sur moi, m'agrippe et des sanglots parcourent son corps. Sans réfléchir, j'entonne la berceuse arabe que nous fredonnait maman lorsque nous étions minots. Nous n'y avons jamais rien pigé, elle non plus, du reste. N'empêche, c'était notre rituel. Nanna la chantait à maman et Samia pour les endormir, le soir, pendant que grand-mère était au travail.

Je sens son corps se détendre petit à petit, sa respiration se calmer. Viennent les mots, mâchés, incompréhensibles.

— Articule, chaton. Là, là, ça va aller.

Encore une phrase de maman. Putain, je suis en train de me transformer en ma mère. L'horreur.

— Mon téléphone...

Sa voix n'est qu'un murmure haché.

— Tu l'as cassé ?

J'espère qu'il ne va pas se vexer, mais bon, quand on a une fâcheuse tendance à tout balancer, ce sont des choses qui arrivent.

— Pire.

Qu'est-ce qui peut être pire ? Oh ! Il va se faire buter !

— Me dis pas que tu l'as perdu ?

La crise de larmes revient et me répond. Il me gonfle, mais quand même, il va en voir de toutes les couleurs. Déjà que les parents se sont disputés pour qu'il puisse en avoir un. Super-maman-inquiète voulait pouvoir être rassurée, super-papa-absent le jugeait trop jeune.

De longues minutes s'écoulent en silence, je regarde la respiration de petit chat et je me rappelle que je trouvais ça fascinant quand j'étais gosse. C'est vrai que c'est hypnotique, je n'ai aucune idée du temps qui défile, je ne pense à rien.

Les pas lourds de notre père retentissent dans les escaliers, et nous l'entendons entrer dans la salle de bains puis l'eau couler. Léo se presse plus fort contre moi et dans un automatisme, je resserre mon étreinte.

— Tu peux venir avec moi le dire à maman ?

Je le dévisage sans un mot, me laissant quelques secondes pour répondre. C'est loin, l'époque où nous nous soutenions pour les engueulades. Maintenant, c'est à qui fera gronder l'autre.

Je m'apprête à l'envoyer chier – chacun sa merde, c'est déjà bien beau que je l'aie écouté – quand il redresse la tête et que son regard de chaton me transperce. Vaincu, je soupire.

— Tout de suite, pendant que papa est sous la douche ?

Je l'aide à se relever, il sèche ses larmes.

— Il ne s'est rien passé.

Je rêve, il joue au mec autoritaire avec ses yeux tout mouillés. J'éclate de rire en lui ébouriffant les cheveux. Il déteste ça et se recoiffe immédiatement en grognant.

Maman est dans la cuisine, entendre sa voix nous coupe dans notre élan.

— Elle parle au chat, murmure Léo.

Je regarde plus attentivement, et en effet, notre peut-être futur matou se tient face à elle.

— C'est rigolo, on dirait qu'il l'écoute, lui réponds-je en chuchotant moi aussi.
— On s'assied pour espionner ?

Une lueur de malice apparaît dans ses prunelles. Je hoche la tête. Comme tout le monde, j'adore écouter aux portes. Bien entendu, même sous la torture, je ne l'avouerais jamais.

— C'est vrai que tu as insisté pour venir ?

Elle semble attendre une réaction de sa part. Zarb.

— Miaou.

Et il le fait ! J'hallucine.

— Pourquoi ici ? On n'a même pas de nourriture pour toi. Du reste, il faut que j'aille t'en acheter, tout de suite, avant que ça ferme. Je ne vais quand même pas te laisser une nuit de plus le ventre vide, tu dois avoir faim.

Nous nous regardons, un sourire éclatant sur le visage, retenant notre cri de joie.

— Elle va faire des courses pour le chat ! me chuchote mon frère.

— En plus, elle déteste sortir après le dîner, c'est qu'elle trouve ça important !

Ce nouvel élément nous met du baume au cœur.

Pendant le repas, Léo a été d'un calme olympien. Pas de hurlements ni de larmes, pas d'assiette qui vole ni de verre qui se brise. Il m'a laissé parler, se contentant de ponctuer mes arguments. On a vraiment formé une bonne équipe. Même si maman a bien dit que le mieux serait de contacter une association à cause de ses allergies et que papa se rangerait à l'avis de sa femme, ils nous ont écoutés jusqu'au bout et vont prendre le temps de la réflexion pour trouver la meilleure solution possible. C'est peut-être grâce à ce putain de petit espoir que Léo n'a pas explosé alors que normalement, chaque non ou demande de délais avant de donner une réponse donne lieu à une crise immédiate. C'est oui tout de suite ou le tyran débarque.

Le chat se rapproche de notre mère et pousse sa main avec son museau. C'est trop mignon.

— Ça ne veut pas dire que tu vas rester, vilain squatteur. Ça veut juste dire que je ne vais pas te laisser mourir de faim en attendant de trouver une solution.

Mes épaules s'affaissent, je suis démoralisé d'un coup. C'est fou comme une phrase peut me faire voir la vie en couleur et une autre me retirer tout espoir en quelques secondes. Chaton, lui, est surexcité.

— Squatteur ! Mais oui !
— Quoi ? T'es sûr que t'as bien entendu ?
— Oh, ça ? fait-il en chassant l'air de sa main. C'est rien, elle résiste même si elle s'attendrit. Mais franchement, il est top, ce nom ! Squatteur, Squatt...
— T'es sérieux ? Elle a dit ça comme ça !
— Ça lui va bien, tu trouves pas ?

Je fais mine que non, alors que oui, bien sûr que oui ! Je kiffe trop ! Je regarde Squatt en espérant que mon frangin a raison et que maman est en train de céder. Papa suivra, en plus, il adore les chats.

— Tu te rappelles Patapouf ?
— Pas du tout, c'est qui ? me demande-t-il, étonné.
— C'était le matou de maminou et papinou quand tu étais tout petit. Eh ben, en fait, c'était celui de papa avant qu'il vive avec maman.
— Ah oui, il m'a raconté que son ancien chat, il passait des heures à dormir !

— Il adorait les valises. Quand on allait chez eux en vacances, il venait s'installer dedans, même si elles étaient vides !

Je me marre et Léo aussi, même s'il ne s'en souvient pas vraiment. Je crois qu'il est un tantinet euphorique.

Un mouvement attire notre attention, maman se lève. Elle se dirige vers l'entrée en murmurant au chat :

— Encore un garçon, il est dit que je resterai la seule fille ici... Est-ce que tu m'aideras à reconstruire ma famille ? ajoute-t-elle en se tournant vers Squatteur.

Ça a l'air fou, mais comme tout à l'heure, il miaule en réponse. J'ai vraiment la sensation qu'il essaie de la rassurer. Moi, mon ventre est noué. Est-ce qu'on est cassés ? Je regarde mon frère pour lui poser la question et constate qu'il n'a même pas entendu, paniqué en se remémorant la raison de notre présence dans les escaliers.

— Il faut que je lui parle, non ?

— Oui, en plus, elle va faire les courses. Si tu veux un nouveau téléphone...

Nous nous relevons et descendons, sa petite main crispée dans la mienne. Maman lève les yeux, nous aperçoit, s'attarde sur nos doigts enlacés et sourit. Elle rayonne et ça me fait mal, parce qu'on va encore la décevoir.

17

Sandra

— Quel est le symbole de l'or ?
— O ? Or ? tente Alex devant ma grimace.
— L'argent ?
— A. Ar ? Ag ? Ag !
— Bon, tu sais quoi ? Tu vas réviser encore un peu avant que je t'interroge plus.
— J'aime pas la chimie…
— Pourtant, ça ressemble aux maths, poussin.

Le bruit d'un objet qui se brise de l'autre côté du mur nous fait sursauter. Léo décharge sa colère.

— Tu préfères qu'on passe au devoir suivant ou tu revois le tableau périodique des éléments de suite ?
— Tu peux m'expliquer ma leçon d'histoire ? Je ne suis pas sûr d'avoir tout compris.

Je m'étire pour chasser les douleurs qui envahissent mon dos, je n'ose pas dire à Alex que je suis mal installée dans son lit. Il ne veut plus travailler avec moi dans la cuisine où son frère est constamment en train de chercher la bagarre. J'attrape son manuel tandis qu'il me tend son cahier et m'avise de la partie à éclaircir. Je la lis rapidement afin d'en prendre connaissance puis je commence mon petit exposé sur les progrès scientifiques de mon siècle de naissance.

À chaque objet qui vole à travers la pièce adjacente, ma voix vacille. J'ai l'impression que je n'arriverai jamais au bout. Mon poussin a besoin de moi, je n'ai pas la liberté de flancher. Dans une heure ou deux, je pourrai craquer, dans mon lit, sans que personne le sache. C'est le rôle d'une mère, tenir droit, toujours. S'en prendre plein la tronche tout en restant bienveillante. Même si je ne pense réussir à ne donner le change qu'au travail et à Antoine. J'ai conscience du regard d'Alex sur moi, je devine la peine dans ses yeux. Léo se met à hurler que je ne l'aime pas. C'est trop dur. Je pose les affaires de mon aîné, m'excuse et sors de la chambre en essayant de maîtriser les tremblements qui me gagnent.

Je me réfugie dans le jardin où la détresse de Léo ne me parvient plus. Il pleut, ça s'accorde parfaitement à mon humeur chagrine. J'ai la sensation d'être faible, d'être arrivée au bout de ce que je peux faire. Il refuse de prendre ses médicaments. Depuis des semaines, des mois même, il faut se battre, ruser. J'en suis réduite à faire du chantage quotidiennement, moi qui ai toujours détesté ça. Mais ce soir, il ne veut rien entendre. Je ne peux même pas m'approcher, ça empire son état. Sans traitement, en étant agité, combien de temps avant que ça ne dégénère ? Comment font les autres mamans ?

Sans être le moins du monde soulagée, je remonte et tente de frapper à sa porte. Pas de réponse.

— Léo ?

— J'ai pas envie de te parler !

— Je ne peux pas t'aider si tu ne m'expliques pas ce qui se passe, mon chaton. Dis-moi ce qui te met en colère.

— J'ai le droit d'être énervé !

— Bien sûr, mon chéri. Cependant, je vois aussi que tu n'es pas bien.

— Laisse-moi, de toute façon, j'en ai marre d'être là ! Je veux aller habiter avec Walid !

Coup de poignard, mes jambes flageolent, je cherche un appui.

— Je t'aime, mon chaton. Je suis heureuse que tu vives ici, avec moi.

Ma voix me semble brisée, sa souffrance me pulvérise. J'ai envie de défoncer sa porte, de le prendre de force dans mes bras jusqu'à ce qu'il craque et qu'il pleure, qu'il lâche tout ce qu'il a sur le cœur. Je souhaiterais tant le débarrasser de ce poids trop lourd pour lui. Mais je ne suis qu'une femme misérable, incapable malgré tout son amour d'aider son fils.

— Tu mens ! Tu préfères Alexandre ! Tu l'as toujours aimé plus !

— Tu sais que c'est faux. Je vous aime autant l'un que l'autre.

— Casse-toi, casse-toi !

Il hurle tellement que j'imagine son visage rouge, ses veines prêtes à exploser.

— Je suis dans ma chambre, si tu as besoin de moi ou envie d'un câlin. Je t'aime.

La seule réponse que j'obtiens est le fracas d'un objet qui se brise contre sa porte. À pas lents, je vais m'asseoir sur le bord de mon lit. Je reste sur le qui-vive, inquiète. Peut-on être insouciant quand on est parent ? La peur disparaît-elle un jour ?

Je regarde sur le réveil le temps qui passe. Chaque seconde me semble durer une éternité. Chaque seconde sans traitement me rend folle. Folle d'impuissance. Folle d'angoisse. Je ressasse, je n'arrive pas à penser à autre chose qu'à mon petit chat, enfermé dans sa chambre avec sa colère. Et moi qui suis là, si près, mais si inutile. Est-ce que j'aurais encore dû lui rappeler de prendre son médicament ?

Enfin, je perçois le bruit d'une poignée de porte qu'on abaisse, les gonds qui émettent ce grincement, ce sont les siens. Il n'a pas voulu que j'y mette du lubrifiant cette année, une autre crise.

J'ose à peine respirer ; s'il m'entend, il va faire demi-tour. Il rentre dans la salle de bains. Je reconnais le son du placard qui s'ouvre. J'imagine les gestes vus des milliers de fois. Je visualise l'aiguille qui se plante dans sa peau fine, le produit miraculeux qui coule dans ses veines et immédiatement, mon oxygène circule mieux.

Un soir de plus. J'ai gagné un soir de plus avec mon fils.

18
Aélys

J'essaie de me cacher derrière les plus grands de ma classe. Si le prof ne me voit pas, il va peut-être m'oublier. Ça peut sembler utopique étant donné qu'il a notre liste de noms devant lui, mais on ne sait jamais. Une erreur, le score d'un autre élève sur ma ligne, l'alarme incendie qui se déclenche… Tout peut arriver, il suffit d'y croire.

Je presse un poing juste sous ma côte droite, tiraillée par la douleur apparue à peine deux minutes après le début de l'échauffement. Pendant que la grande majorité de mes « camarades » me dépassaient d'une foulée déliée, j'ahanais tandis que mes mollets prenaient feu. Comment peut-on faire ça pour le plaisir ?

Gagner du temps, au moins celui nécessaire pour redonner de la stabilité à mes jambes. De l'oxygène à mes poumons. Que le point de côté disparaisse, ou du moins, se calme assez pour me permettre de sauter. Je sens la sueur dégouliner le long de mes tempes, dans mon dos, plaquer mon pantalon à mon corps. Je frémis. Courant d'air ? Dégoût ? Peur ? Je préfère éluder cette question et fixe mon attention sur ceux qui passent devant le prof. Je regarde leur position de départ. Les bras qui se balancent lorsqu'ils prennent leur élan, est-ce que ça leur est utile pour se propulser ? La façon dont ils décollent pour atterrir plus loin sur le sable. Les jambes qui se fléchissent à la réception semblent être le seul autre point commun.

J'ai parfaitement conscience qu'analyser tout ça ne m'aidera pas à mieux réussir l'exercice. Mon corps est une chose non contrôlable. Je SAIS dans la théorie ce que je dois faire, et ça part toujours en vrille dans la pratique.

— Aélys.

C'est mon tour. Le nœud à mon estomac se resserre, toute l'attention de ma classe converge vers moi. La dernière fois, j'ai à peine fait un soixante centimètres. Même M. Noud a dit qu'en marchant, je pouvais faire mieux. J'avais envie de m'enfoncer dans le sol pour disparaître.

Je me mets en position et braque le regard droit devant moi : le couloir pour accélérer, le sable pour amortir le saut. Je vois les empreintes des autres, si éloignées de la planche d'appel que si j'arrive à mi-chemin, j'aurai accompli un grand pas, sans mauvais jeu de mots.

J'entends les rires sourdre. Aélys en sport est toujours un spectacle tellement drôle. La bile remonte. Il faut que je me lance, plus j'attends, plus ça empire. Alors que je sais qu'il ne faut pas le faire, je jette un œil vers eux. Certains profitent de mes hésitations pour discuter, d'autres me regardent en se poussant du coude. Mon attention se focalise sur Léo. Il est pâle, encore plus en sueur que moi et tremble légèrement.

— Léo !

Je cours, pas pour mon saut, tant pis pour ma note, mais vers celui qui me donne envie d'avoir, moi aussi, un ami. Je n'ai jamais eu autant peur de ma vie, j'ai l'impression qu'il va tomber par terre.

— Et merde.

Le prof a suivi des yeux ma destination et en découvrant Léo, il a lâché son carnet qui s'écrase au sol. L'impact sur le terrain goudronné résonne dans le silence de notre groupe qui s'est tu brusquement. Je saisis Léo par les deux bras.

— Hypo ?

Il hoche la tête, surpris. Après s'être crispé quand je l'ai attrapé, il commence à se détendre. J'essaie de lui sourire, d'oublier la trentaine de regards sur nous. Je l'aide à s'asseoir à même le bitume de la cour, j'ai vraiment l'impression qu'il va s'écrouler si je le lâche.

Depuis que je sais qu'il est souffrant, je me suis renseignée. En première heure de vie de classe, on nous a expliqué sa maladie, ses contraintes, les conséquences. Tout ça partait d'une bonne intention ; que nous soyons informés, que nous comprenions ses quelques absences, sa procédure médicale, ses grignotages autorisés. Avec peut-être l'espoir qu'il soit mieux accepté, mieux intégré ? En tout cas, avec les cons de la 6e 3, ça a plutôt eu l'effet inverse. Il subit des railleries incessantes. Comment peut-on se moquer d'une maladie ? Comme si ce n'était pas assez dur à vivre. Au fil de mes recherches, j'ai mesuré la contrainte énorme de ce traitement à vie. Le moindre oubli peut avoir des conséquences. Il faut tout adapter, tout anticiper ou être réactif. On ne peut jamais se lâcher totalement, se laisser aller tout simplement.

— Où est ton lecteur ?

La voix du professeur nous fait sursauter. Son air agacé me choque. Ce n'est pas le comportement attendu pour un encadrant lors d'une situation de crise.

Léo montre son sac, sur le banc devant les vestiaires, à une centaine de mètres. M. Noud désigne Lucas, un des gamins qui se moque le plus de cet élève différent, pour aller le chercher. À la surprise de tout le monde – moi la première ! –, je m'élance en criant que je m'en occupe.

En quelques foulées, mon point de côté se réveille, douloureux. Mais je ne pouvais pas laisser Lucas s'approcher de ses médicaments. Il serait capable de lui abîmer exprès pour voir ce qui se passerait après. S'il y a un barge dans cette classe, c'est bien lui. Il me fait peur.

Essoufflée, j'attrape le sac de Léo à la volée et repars tout de suite en direction du groupe. Tout le monde est agglutiné auprès du malade. Et le prof qui ne dit rien ! Je bous et ça me redonne de l'énergie pour parcourir les derniers mètres.

— Poussez-vous, laissez-le respirer !

Je pisse dans un violon. La seule conséquence de ma tentative est une avalanche de regards noirs. Je payerai sans aucun doute mon impertinence envers eux. Quelques menaces, des insultes, des moqueries. Rien que le quotidien – en plus soutenu peut-être. Aider Léo en vaut la peine et puis, je me fous de leur avis.

— Tiens.

Léo attrape le sac comme un noyé se raccroche à une bouée et en sort l'appareil avec lequel il se teste plusieurs fois par jour, le plus discrètement possible. En général, il fait ses contrôles à la vie scolaire, l'infirmière travaillant dans plusieurs établissements, elle n'est que peu présente pour lui offrir le cadre adéquat. Ce n'est pas que je le surveille, je l'observe, c'est tout. Encore plus depuis que j'ai vu le sosie de mon chat le suivre. C'est la seule personne intéressante dans ce bahut. Les autres se ressemblent, font partie du même moule que j'ai déjà étudié dans les moindres détails les années précédentes. Je sens en Léo quelque chose de différent que je n'arrive pas à identifier.

— Alors ? demande le prof qui s'impatiente de la lenteur de son élève.

Pendant que mon peut-être futur ami range précautionneusement son appareil, j'imagine les rouages tourner dans son cerveau. La semaine de la rentrée scolaire, j'étais à côté de M. Noud quand Léo lui a indiqué son indice en début de cours. Sèchement, il lui a répondu qu'il lui faisait confiance, que ce n'était pas la peine de lui dire à chaque fois. Je ne suis pas sûre que le principal soit de cet avis vu ce qui vient de se passer.

Léo n'a pas dû se contrôler, ou n'a pas pris sa dose de sucre avant de commencer en fonction du résultat. Une erreur de sa part qui m'étonne. Quand l'on est malade depuis tout petit, je pense qu'on acquiert des automatismes. Il connaît son protocole sur le bout des doigts... Toujours est-il que Léo n'a que onze ans, comme nous tous, et que nous ne sommes que des enfants, sous l'autorité des adultes qui doivent assurer notre sécurité. Ce que n'a clairement pas fait Monsieur le professeur de sport !

Léo ne se donne pas la peine de lui répondre et sort de la poche avant de son cartable un sachet qui contient des aliments. Il attrape deux morceaux de sucre et six petits carrés d'une espèce de biscuit. Il prend le temps de bien mâcher, je ne sais pas si ça a une importance. M. Noud fait signe aux autres élèves de se remettre en rang devant la piste d'élan.

— Bon, ça va aller. Tu n'as même pas utilisé ta piqûre, il n'est donc pas nécessaire d'en parler. Aélys, tu veilles sur lui.

Je serre mes poings en le regardant tourner les talons, soulagé. Moi qui ne m'énerve que rarement, il y a des choses que je ne peux pas supporter. Son attitude en fait partie.

— Il faut raconter sa réaction à la CPE, il n'est pas net, ce prof !

— Non, pas la peine. Ça va, me répond-il d'une voix pâteuse et traînante, toujours assis sur le sol.

Je le rejoins et me mets à côté de lui. Nous observons les autres en silence. Je trouve dommage qu'il ne souhaite pas en parler à Mme Dubuis, c'est une femme bien. Cependant, pour lui prouver que je respecte son choix – et que je serais une bonne amie –, je n'insiste pas.

— En fait, je voulais juste faire diversion.

Je le dévisage, interloquée. Il rit doucement et je comprends sa blague. Je me surprends à avoir envie de lui donner un coup de coude complice, c'est quelque chose que je n'ai jamais fait à part avec Artus, mon grand frère.

— Trop aimable à toi. Tu avais combien avant de commencer ?

Aussitôt, il se ferme et reporte son attention sur Lucas qui s'apprête à sauter. Je regrette immédiatement mes paroles et voudrais rembobiner le temps.

— Désolée, ça ne me regarde pas.

Il ne réagit pas et nous passons le reste de l'heure côte à côte, sans un mot. J'aimerais tellement qu'il s'ouvre à moi.

19

Scuatteur

Dès que sonne la fin des cours de mon protégé, je guette sa sortie. Je l'ai accompagné plusieurs fois le matin, cependant, à part qu'il ne s'approche pas du collège avant que la grille s'ouvre, je n'ai pas appris grand-chose. Excepté, et l'information est de taille si elle est confirmée, que Léo est un enfant isolé, sans amis. Ah, et que les deux frères font mine de ne pas se connaître dès qu'ils quittent la maison. Ils s'installent éloignés l'un de l'autre dans le bus, puis n'échangent pas même un regard. Sans se coller, forcément, cette façon d'agir me semble quelque peu excessive.

J'attends donc beaucoup de cette observation aujourd'hui. Il a peut-être un ou deux amis systématiquement en retard le matin et qui devraient changer de réveil ? Ou dans une classe différente dont les horaires ne sont pas semblables à ceux de Léo ? Il me faudra venir pendant toute une semaine afin d'en être sûr, toutefois, au vu de son attitude renfermée, j'ai bien peur d'avoir ma réponse.

J'ai choisi ce jour, car Alexandre termine à la même heure, je veux en profiter pour observer également leurs interactions en dehors du domicile.

En louant cette commune arborée et fleurie, je me glisse sous un arbuste avant que la meute ne déboule. La grille s'ouvre sur un surveillant souriant, qui plaisante avec les élèves et les interpelle par leurs prénoms. Avec lui, pas de : « Eh, toi ! » Il semble prendre son travail à cœur et les adolescents apprécient. La preuve vivante que quand on donne aux autres, on reçoit aussi. Les réponses des collégiens m'apprennent qu'il s'appelle Vladimir. Pas facile à porter en ce moment vu ce que m'a enseigné leur télévision, qui est une mine d'informations.

Les enfants se distinguent en deux catégories selon leur façon de se comporter. Les uns filent à la vitesse de l'éclair, soit pour attraper le bus, soit pour rentrer chez eux d'un pas pressé. Les autres flânent par petits groupes, échangent les dernières blagues, se remplissent des ultimes éclats de rire avant le lendemain.

Alexandre sort le premier et se dirige vers deux garçons de son âge qui l'accueillent avec des rictus. Je sens une animosité diffuse. Elle est légère, mais bien présente depuis qu'il a rejoint ses copains. Je n'ai pas le temps de creuser plus la question que Léo franchit à son tour les grilles. Son comportement est à l'opposé de celui de son frère. Où Alexandre est confiant, sûr de lui et souriant, mon protégé est tendu, jette des regards autour de lui et ses traits sont figés.

Je scanne les environs pour découvrir un groupe de troisièmes, non loin d'Alexandre et ses amis, qui le fixent. Ils lui font le signe de lui trancher la gorge et Léo détale en courant, sans demander son reste. Les loubards s'esclaffent. Je ne ressens aucune haine pour mon petit bonhomme, juste de la méchanceté gratuite et autre chose, une sorte de joie malsaine. J'enregistre mentalement ces quatre visages, un à un. Personne n'a réagi, sauf une fillette qui suivait Léo et qui les observe discrètement. Elle semble en colère. Une amie de mon protégé ?

Je miaule à la porte pour signaler ma présence et presque aussitôt, Sandra vient m'ouvrir, un économe à la main.

— De retour, Squatteur ? Tu as fait une bonne promenade ?

Je lui résume ma découverte qu'évidemment, elle ne comprend pas. Si, depuis qu'elle m'a accepté, nos rapports se sont améliorés, elle garde un bouclier mental assez impressionnant. C'est assez étrange, d'autant qu'elle se confie à moi quand nous ne sommes que tous les deux. Pourtant, son esprit, malgré cette proximité, reste impénétrable.

En tant qu'ange, on m'a assigné un protégé, c'est le seul avec lequel je suis en mesure d'établir un lien presque fusionnel. S'il m'est impossible d'échanger avec les sans-pouvoir de la même manière qu'avec Brunissende – avec laquelle je tenais une conversation mentale quelle que soit la distance –, je suis quand même capable de faire certaines choses. Lire les pensées de « mon humain » devient aisé une fois qu'il m'a accordé sa confiance, et de fait, a accepté que je sois son ange gardien. C'est parfois frustrant, car la communication semble à sens unique, néanmoins, j'ai appris à conseiller et rassurer autrement. Je peux lui envoyer des visions floues, des sortes d'intuitions, des idées. De plus, le lien psychique que j'entretiens avec lui me permet de ressentir ses émotions à distance.

Avec les proches de mes protégés, j'essaie également de développer une connexion, différente, moins forte, mais présente tout de même. Sans lire dans leurs pensées, je suis capable, en étant près d'eux et en me concentrant, de percevoir leurs émotions de façon fine voire quelques images brumeuses. C'est en général suffisant pour mener à bien ma mission.

Je m'arrête à la cuisine pour me désaltérer quand Sandra m'attrape.

— Je suis désolée, mon chat, c'est l'heure du médicament.

Je miaule de frustration. Je suis un ange, bon sang ! Je n'ai pas besoin de vermifuge ! J'ai déjà accepté sans broncher de retourner dans la boîte quand Léo m'a expliqué que c'était pour m'adopter. Je conserve du voyage un aussi mauvais souvenir que la fois précédente, j'espère ne plus jamais revivre ça. D'autant plus qu'une autre inconnue s'est « occupée » de moi. Comprendre qu'elle m'a pris de mon précieux sang et m'a injecté quelque chose à l'aide d'une aiguille. Malgré mes bonnes résolutions, trop, c'était trop et je peux dire avec fierté qu'elle gardera la trace de mes griffes sur son bras pendant quelques jours.

Sandra n'a pas bronché pendant cette séance de torture et a même levé les yeux au ciel devant ce qu'elle a appelé mon « cinéma ». Fort heureusement, les garçons m'ont tellement cajolé que j'ai très vite pardonné à leur mère ce passage chez ce vétérinaire dont j'ai découvert le concept. C'est bien la première fois qu'on se préoccupe de ma santé au point de m'emmener voir un médecin. C'est finalement plutôt touchant de la part de Sandra qui, à l'origine, ne voulait pas de ma présence. Je décide de lui faire plaisir en avalant mon médicament.

— C'est bien, tu es un gentil minou, dit-elle en me déposant un baiser sur le bout du museau.

Je ronronne aussitôt, en prenant garde de ne pas me frotter à elle, je sais qu'elle ne me fera pas de câlin. Elle m'a pris contre elle pour le traitement et s'inquiète déjà de ce contact rapproché. Je parie que dans deux minutes, elle va fourrer son gilet dans le lave-linge.

Dans quelques jours, elle se sera rendu compte qu'elle ne fait aucune crise allergique à cause de moi et je pourrai me blottir contre elle. Tout autant que le reste de sa famille, elle a bien besoin de mon côté apaisant, une qualité que les chats partagent avec nous.

Elle me libère et je monte immédiatement en direction de « l'espace nuit », comme l'appelle Sandra, ce que je trouve plutôt ridicule, vu que les garçons y passent une grande partie de leur temps libre, quelle que soit la position du soleil.

La porte d'Alexandre est fermée. En sourdine, de la musique s'échappe de la pièce. J'irai le voir plus tard, je vais commencer par mon protégé. Il a laissé sa porte entrouverte, dans l'attente de ma visite. Je me faufile dans sa chambre et me fraye un chemin au milieu de tous les jouets qui encombrent le sol. Comment peut-on vivre dans un tel bazar ? Au vu du soin qu'elle apporte au reste de la maison, je suis très étonné que Sandra n'intervienne pas. Sans faire le ménage tous les jours, c'est toujours bien rangé et propre – même dans le garage.

Léo est dans son lit, allongé sur le ventre, un livre posé devant lui. Il se retourne au bruit de la clochette qui orne le collier qu'il m'a lui-même accroché, un immense sourire sur le visage. Accessoire inutile, évidemment, néanmoins, cette marque de mon appartenance à la famille me fait chaud au cœur. Encore une fois, Sandra n'hésite pas à investir pour moi malgré leurs finances tendues selon la conversation que j'ai surprise avec Antoine hier soir. Ces deux-là ont besoin d'aide. Soit ils ne communiquent pas, soit ils se disputent. Pourtant, je sens de l'amour entre eux. Ce sentiment est le plus puissant qui existe, malheureusement, le leur se laisse dévorer par tous ceux qui gravitent autour : méfiance, colère, culpabilité. D'autres émotions intenses dont il peut être difficile de se défaire.

— Squatt ! Tu viens me faire un câlin ?

Avec joie, je bondis dans son lit. Il change de position afin de mieux m'accueillir et je me love contre son ventre.

— Tu aimes ça, hein ?

Je sens le ton ravi devant mes ronronnements. Je miaule doucement pour lui répondre que oui, je chéris ses caresses.

Au bout de quelques minutes, il reprend son livre tout en faisant attention de ne pas trop bouger afin de ne pas me déranger. Je suis dans un état entre la veille et le sommeil, une sensation que j'adore. La chaleur de son corps se diffuse contre ma fourrure et je sais qu'il sent la mienne. J'aimerais qu'il me raconte l'histoire qu'il est en train de lire, mais notre lien en est tout juste à se créer, je ne peux pas lui faire ressentir cette envie. J'ai hâte de lui faire le récit mes aventures, je suis sûr qu'il va apprécier même s'il n'aura que de vagues images.

À chaque fois qu'il tourne une page, il me gratifie d'une caresse ou d'un regard tendre. À chacune de ces petites attentions, je sens notre connexion se renforcer.

20

Denise

Je me gare devant chez ma fille en frissonnant. La nuit est tombée et sans les rayons du soleil pour chauffer l'air, mon gilet fin s'avère insuffisant. Mon portable vibre dans le vide-poches. Je m'en empare, le déverrouille et consulte le texto de Philippe avec un sourire. Il nous a préparé un dîner romantique pour mon retour, dès lundi. Le pauvre, à peine rentrée de voyage, je m'éclipse pour le week-end afin de profiter de ma famille que je n'ai pas vue depuis bien trop longtemps. Ce petit message a permis d'amenuiser l'angoisse qui a commencé à monter lors du trajet. C'est ce qui est terrible, en voiture, on se met en mode automatique et le cerveau n'a rien d'autre à faire que gamberger.

Antoine m'a contactée la semaine dernière, juste avant mon départ, pour me dire que ça serait une bonne idée que je passe un moment avec eux. Sans prévenir Sandra. Ce n'est pas dans les habitudes de mon gendre de cacher des choses à sa femme. Devant mon insistance à en comprendre les raisons, il a fini par avouer que ça n'allait pas fort chez eux en ce moment et que ma venue surprise leur ferait du bien à tous. Il n'en fallait pas plus pour me convaincre. Ma fille et mes petits-enfants me manquent énormément. Malheureusement, nous n'avons pas réussi à nous trouver des créneaux communs ces derniers mois. Par un hasard farceur, à chaque fois que j'avais un impératif, c'était le seul week-end où Sandra pouvait me recevoir. Je ne lui en veux pas, elle est jeune, il faut bien qu'elle profite un peu. Sans parler de la maladie de petit chat qui lui demande énormément de temps et d'énergie.

Je pousse le portillon et traverse l'allée en admirant les étoiles. J'espère que les garçons ne seront pas couchés, je suis partie plus tard que prévu tellement j'étais épuisée par mon circuit en Irlande. La prudence m'a incitée à faire une sieste avant de prendre la route.

Impatiente, je change ma valise de main afin de frapper, je n'ose pas sonner au cas où les enfants dormiraient. À travers le bois, j'entends les voix assourdies d'Antoine et de Sandra. Elle semble inquiète, il n'est pas courant qu'on se pointe chez eux à cette heure avancée – si je comprends bien ses paroles. Je jette un coup d'œil à ma montre, il est déjà 21 h 50.

— Qui est-ce ?

— C'est maman.

— Quoi ? s'écrie ma fille en ouvrant la porte en grand.

En premier, je vois son regard étonné, ses lèvres arrondies de stupéfaction. Puis je découvre les traits tirés, le teint pâle, les cernes sous ses yeux rétrécis comme d'avoir trop pleuré. Sous le choc, je lâche mon bagage en réprimant un hoquet de stupeur. Sans réfléchir, je l'enserre de toutes mes forces.

— Je suis là, ma chérie, je suis là.

— Maman...

Ses bras me happent à leur tour et je la sens trembler. *Ma petite fille, que se passe-t-il ? Pourquoi ne m'as-tu rien dit ?* Il n'est pas encore temps de poser des questions, le moment est au réconfort.

— Là, là, ça va aller.

Je lui caresse les cheveux, d'un geste que je rêvais d'accomplir quand elle était enfant. Elle me lâche pour ramener ses bras sur elle et se blottir tout en s'accrochant à ma tunique. Je renforce mon étreinte, heureuse de n'avoir qu'un petit gilet qui n'empêche pas ce contact intense.

Antoine apparaît en contre-jour et me fait un signe de la tête, remerciement silencieux de ma venue. Je ne peux que constater qu'il semble aller à peine mieux que ma fille. Bon sang, ça doit être grave !

— Rentrez, toutes les deux, vous allez attraper froid, dit mon gendre en ouvrant grand la porte pour nous laisser le passage.

Je me penche pour récupérer ma valise tandis que Sandra essaie de reprendre contenance. Peine perdue, son visage est ravagé, et la tempête n'est pas finie. Je remarque que ses yeux ne sont pas maquillés alors qu'elle a dû travailler aujourd'hui...

— Donnez ça, Denise, allez vous installer au salon avec Sandra, je vais la mettre dans votre chambre, m'interrompt Antoine en s'emparant de mon bagage. On préviendra les garçons demain de votre arrivée. Profitez-en pour... vous parler.

Même si j'étais impatiente de cajoler mes petits-fils, j'apprécie la délicatesse de mon gendre et hoche la tête en retour. Sandra semble prête à se confier, l'occasion ne se représentera peut-être pas avant un long moment.

Désarçonnée par ces retrouvailles, de façon stupide et disproportionnée, je suis exaspérée par son vouvoiement. En près de vingt ans, je n'ai jamais réussi à le faire me tutoyer, alors qu'il le fait sans problème avec Fatima. Mon abord plus froid et mon manque de chaleur le freinent peut-être plus que le respect dû à la mère de sa femme. J'ai fini par m'y faire, malgré le petit pincement de jalousie habituel envers mon ancienne amie qui possède une aisance sociale que je n'arriverai jamais à avoir.

Ma fille et moi nous asseyons sur le canapé tandis qu'Antoine disparaît discrètement.

— Tu as envie de quelque chose, maman ? De l'eau, du thé ?
— Non merci, ma chérie. Je souhaite juste que tu me racontes.
— Qu'est-ce que tu veux que je te dise ?
— Tout.

Pour lui prouver que je ne plaisante pas, d'un pied, je fais glisser une de mes chaussures au sol, rapidement rejointe par la deuxième. Je m'installe en tailleur, face à elle, prête à l'écouter le temps qu'il faudra. C'était la posture que je prenais quand les filles me relataient leurs histoires pendant des heures en rentrant de l'école.

Elle fixe mes escarpins, me sourit timidement et m'imite en choisissant de se blottir contre l'assise du canapé, les jambes ramenées contre la poitrine. Une position que je connais bien… Celle des mauvaises notes, des chagrins d'amour… Immédiatement, je crains des problèmes de couple. Son mari et elle sont tellement soudés. J'ai cru qu'ils réussissaient là où son père et moi avons échoué, comme tellement d'autres.

Nous sommes désormais face à face. Le menton en appui sur ses genoux, je vois qu'elle cherche comment démarrer.

— Commence n'importe où, tu compléteras les trous quand tu seras lancée.
— Ça va mal.
— Sur une échelle d'un à dix ?

— J'ai l'impression que ça ne pourrait pas être pire, maman...

— Mon bébé...

Ma voix se brise, je me racle la gorge pour me reprendre. Je suis là pour l'aider, pas pour qu'elle m'épargne. Mais voir son enfant souffrir, il n'y a rien de plus cruel au monde. Je dois me retenir de l'enlacer, de lui dire de se taire si c'est trop dur.

Elle inspire, je sens qu'elle lutte contre les larmes qui débordent de nouveau. Elle sanglote doucement, puis de plus en plus bruyamment en se berçant.

— Je suis désolée. Je suis là.

Que puis-je dire d'autre ? Je ne peux pas la rassurer, pas encore. Tant que je ne sais rien, je ne peux pas échafauder un plan pour la soutenir, l'aider à affronter ce qu'elle traverse. Quoi que ce soit. S'il s'agit d'un divorce, elle pourra compter sur moi. Je payerai un avocat. Je pourrai même m'installer ici pour m'occuper de petit chat et qu'elle puisse travailler à temps plein si nécessaire. Pour le bien-être de mes petits-enfants, je veillerai à ce que les adultes mettent leurs différends de côté pour tout ce qui les concerne. Pour ça, je pense que Gérard et moi avons été exemplaires. La garde alternée n'existait pas à l'époque, il prenait les filles chaque week-end et la moitié des vacances scolaires. Sans compter que nous nous dépannions en fonction de nos emplois du temps respectifs et que nous n'avons jamais refusé un moment avec l'autre parent pendant notre tour. Je suis persuadée que c'est ce qui a permis à Sandra d'aussi bien vivre notre séparation quand tant d'enfants sont anéantis, traumatisés par la guerre des deux personnes qu'ils aiment le plus au monde.

— Ce n'est pas vrai. En fait, ça pourrait aller plus mal et ça me terrorise. Ça serait la fin.

Je sursaute presque. J'étais complètement perdue dans le passé en attendant que ma fille se calme. Sa voix n'est plus qu'un filet, toutefois, les sanglots se sont espacés. Presque dans un chuchotement, lentement, avec parfois des crises de larmes tellement violentes qu'elles l'empêchent de parler pendant plusieurs minutes, Sandra me raconte ce qu'elle, ce qu'ils traversent depuis des mois. Chaque mot, chaque phrase me fait l'effet d'un coup de massue. Si je n'ai pas vu ma famille ces derniers temps, ce n'était ni la faute au hasard, ni à une vie trépidante. Non, c'était qu'elle était en train de se disloquer, discrètement, sans faire de bruit.

Je me sers une tasse de café quand j'entends Antoine descendre l'escalier. Je me retourne et lui adresse un bonjour glacial. Je n'ai pas fermé l'œil de la nuit et la colère a pris le pas sur l'abattement. Comment a-t-on pu me laisser en dehors de ça ?

Il fait également couler le précieux breuvage, carrément dans un bol, pour sa part. Besoin de force pour l'affrontement ? Parce que tu ne vas pas y échapper, mon coco.

— Je suis désolé, Denise, vraiment.

— Désolé ? Désolé ?

— Moins fort, ils dorment.

Je m'en veux immédiatement. Il n'est pas question de faire une scène ridicule, mais qu'on s'explique. La dernière chose que je souhaite est de réveiller la maisonnée.

Antoine me rejoint à l'îlot central et s'installe face à moi. La tête baissée, il enserre son café, geste bien dérisoire pour se réchauffer.

— Ne me parle pas sur ce ton, dis-je néanmoins pour asseoir mon autorité.

— Je veux juste qu'ils se reposent encore un peu, c'est tout. Sandra était épuisée après votre discussion.

— C'est normal, la pauvrette n'a fait que pleurer.

— Qu'est-ce qu'elle vous a dit ?

— Tout.

Il lève les yeux et un sourire éclaire son regard.

— Je suis soulagé, elle ne se confie à personne et s'isole complètement.

— Parce que tu ne t'es pas renfermé, toi ?

— Je parle avec Fred, du travail. Et j'ai été boire un verre avec mes collègues dernièrement.

— Donc tu vois qu'elle va mal et tu prends du temps pour toi, tranquillement ?

Je n'ai pas pu empêcher le venin de s'immiscer dans mes paroles. Il recule comme si je l'avais frappé.

— Je culpabilise de ce temps passé en dehors de la maison, mais c'est ma soupape pour relâcher la pression, se défend-il. Et j'en ai moins qu'elle, qui est en première ligne...

— Elle ne voit plus Samia ?

— Pas depuis des mois.

— Et elle ne dit rien ? Ça m'étonnerait.

— Au début, j'ai mentionné à Donato qu'on avait des soucis, sans rentrer dans le détail. Que Sandra en parlerait à Samia quand elle serait prête. Il m'a promis de ne pas poser de questions. Il a arrêté d'appeler, je ne répondais plus. C'est plus facile avec Fred qui ne connaît personne. Bref, Samia propose souvent, on refuse à chaque fois. Nos excuses sont tellement bidon qu'on s'attend à ce qu'elle débarque d'un jour à l'autre et ça fait flipper Sandra.

— J'y ai cru, à vos excuses bidon, moi, dis-je, amère.

— Ce n'est pas pareil avec vous, Denise. Nous vous voyons moins fréquemment et plus longtemps. Une venue sur plusieurs jours, ça ne s'improvise pas de la même façon qu'un café pris sur le pouce.

Je n'ai pas envie de l'entendre me trouver des justifications. Je sens que ma colère envers lui commence à fondre et je ne peux pas accepter de laisser la tristesse se substituer à elle. La rage me porte, elle.

— Si elle va si mal, pourquoi tu ne m'as pas appelée avant ?
— Elle ne voulait pas.

Ça blesse. Je me lève brusquement en agitant ma tasse comme prétexte. Lentement, en décomposant chaque geste, en me concentrant dessus, je me ressers et chasse les larmes.

— Plus elle aime les gens, plus c'est dur pour elle, me console-t-il d'un ton doux.

Je ne comprends que trop bien, ma fille me ressemble sur ce point-là. Elle se cache pour panser ses blessures. Seulement cette fois-ci, c'est trop gros. Sandra a un appétit de vivre qui l'a toujours propulsée, cependant, elle tire sa force de son équilibre. Stabilité donnée par Gérard et moi, puis complétée par Fatima et Samia et enfin par Antoine et les garçons. Quand l'harmonie se brise, comment s'en sortir ?

— Pourtant, tu m'as contactée.
— J'aurais dû le faire avant, elle se noie et j'ai l'impression de lui enfoncer la tête sous l'eau au lieu de l'aider.
— Tu m'as dit que ça pouvait attendre.

Ma voix est tranchante, je ne crie pas, la colère est tellement forte qu'elle a dépassé ce stade. Elle irradie dans mon corps, je la sens parcourir mes veines.

— Je comptais vous proposer de nous rendre visite le week-end même au moment où vous m'avez annoncé que vous partiez en Irlande le lendemain. Je ne pouvais pas vous demander de renoncer à vos vacances, depuis le temps que vous rêviez de découvrir ce pays !

— Bien sûr que si ! Tu sais pertinemment que je serais venue toutes affaires cessantes si j'avais été informée de son état. Du vôtre, à tous les quatre...

— Elle m'en aurait voulu.

— Que j'annule mon voyage ? Tu crois qu'elle s'en souvient, franchement ? Tu l'as bien regardée ? Elle tient à peine debout.

— Pardon.

— TU devais prendre soin de ma fille. Je te l'ai confiée.

— Je sais. Je sais. J'ai merdé. Avec elle, avec Léo.

— Tu as conscience qu'il est hors de question que je parte d'ici maintenant ?

Il me sourit, je sens son soulagement. Je décide de passer l'éponge quand j'aperçois un mouvement près de moi. Je sursaute et renverse ma tasse en poussant un juron. Antoine rit, libéré grâce à notre discussion franche. Heureux qu'un adulte de plus partage le fardeau. À trois, ça sera plus facile qu'à deux. Théoriquement.

— Un chat ?

J'en reste comme deux ronds de flan.

— Squatteur. Nouvelle mascotte de la maison.

— Voyons ! Sandra est allergique ! Ne va pas me la tuer !

Je gronde, la colère est revenue. Je peux comprendre que les gamins insistent et que Sandra craque pour leur faire plaisir. Sauf qu'une anaphylaxie, c'est à prendre au sérieux, ça peut gâcher la vie et elle n'a pas besoin de ça.

— Il l'aide. Vraiment. Il apaise Léo, explique mon gendre devant mon incrédulité.

— Sauvé par le gong, dis-je en jetant un regard agacé à mon téléphone qui annonce l'arrivée d'un message pour la quatrième fois ce matin. Je te préviens, j'emmène les enfants. Nous allons me chercher des affaires pour un long séjour.

Il se lève, contourne l'îlot et m'embrasse en me remerciant. Je le quitte avec un sourire, pleine de confiance. Notre conversation m'a permis de voir qu'il n'est pas insensible, malgré ce que pense Sandra. Maladroit et perdu, ça, c'est sûr, mais plein de bonnes intentions.

Je m'enferme dans ma chambre et déverrouille mon écran. Il me faut maintenant annoncer à Philippe qu'il peut réactiver son profil sur le site de rencontres qui nous a réunis. Ce n'est pas que nous soyons allés très loin dans notre relation, mais je n'avais pas été courtisée de façon aussi agréable depuis… eh bien, longtemps ! Cependant, il ne serait pas honnête de ma part de le faire attendre des semaines, voire des mois, alors que je ne suis pas sûre que nous ayons un avenir.

21

ALEXANDRE

Quand je me suis levé ce matin, j'ai entendu du bruit dans la chambre d'amis. Intrigué, j'ai frappé et j'ai eu la surprise de découvrir mamie ! J'étais tellement heureux que je me suis précipité dans ses bras, même si je n'ai plus l'âge de faire des câlins. Je crois que mon exclamation en la voyant a réveillé Léo, étant donné qu'il nous a rejoints à peine quelques minutes plus tard. On l'a abreuvée de questions, on ne comprenait pas que nos parents ne nous aient rien dit. Elle nous a demandé de nous asseoir dans le grand lit et nous a expliqué qu'elle était venue pour faire une surprise à maman, mais vu que personne ne va très bien dans la famille en ce moment, elle va rester quelque temps. Mon frère fixait ses pieds, j'espère qu'il ressentait au moins une minuscule pointe de culpabilité puisque c'est de sa faute, tout ça.

Nous avons pris un petit-déjeuner sur le pouce, préparé le sac de petit chat avec ses tests et son traitement puis nous sommes partis en direction de Narbonne. Mamie va avoir besoin de plus d'affaires.

En refermant la porte, j'ai regardé notre mère, appuyée contre le mur, se mordillant la lèvre, elle semblait perdue. Pour elle aussi, c'était une sacrée surprise. Depuis combien de temps n'a-t-elle pas eu une journée rien qu'à elle ? J'espère qu'elle en profitera pour dormir, ça lui ferait du bien, parce qu'elle est épuisée, ça se voit.

Selon notre rituel, avant même d'aller chez mamie, nous passons à la plage. En ce début d'automne, malgré le soleil qui pointe le bout de son nez, elle est peu fréquentée. Il n'est pas question de se baigner, juste de se repaître de la mer, de son odeur iodée, du son de ses vagues qui roulent, rythme régulier et apaisant. Nous restons assis une longue heure, tous les trois, sans dire un mot, à nous remplir de ce spectacle magnifique de Mère Nature. Que la Méditerranée me manque ! Nous ne sommes pas allés chez mamie cet été pour la première fois de notre vie. Léo est trop... explosif.

Je me relève brusquement et préviens que je vais courir. J'ai besoin d'évacuer toute ma colère et faire du sport, je ne connais rien de mieux pour ça. À chaque fois que mon pied se pose sur le sol, une nouvelle pensée m'envahit. Le martèlement de mes chaussures sur le sable rythme mes réflexions.

Papa qui ferme le garage à clef.
Léo ingérable.
Moi, privé de vacances à cause de mon frère.
Personne qui songe que je peux y aller seul.

Il faut toujours que ça soit juste pour lui.
Moi, tout le monde s'en fout.
Le sac de frappe nouvellement installé.
Papa qui y passe sa colère et sa lâcheté.
J'en aurais besoin aussi.
Il n'a même pas pensé à moi.
Maman non plus.
Papa absent presque tout le temps.
Maman qui pleure de plus en plus.
Léo.
La cause de tout ça.
Mon petit frère.
La maladie injuste.
Claire qui ne me voit pas.
Claire qui est amoureuse d'Aroon.
Moi mis de côté.
Second rôle.
Encore.
Toujours.

Je m'écroule au sol, mes jambes ne me portent plus, mon cœur va sortir de ma poitrine. J'ai sprinté comme un fou jusqu'à la digue. Je m'allonge et écoute mes pulsations cardiaques qui recouvrent le bruit des vagues. Le ciel est bleu, une mouette vole au-dessus de moi. Je me perds dans son ballet aérien quand je réalise. Walid ! Nous sommes juste à côté de chez lui, il a déménagé à Gruissan ! Dans la précipitation, personne n'y a pensé. J'attrape mon téléphone, peste en découvrant que je n'ai plus son numéro et me lève à toute allure pour rejoindre chaton et mamie.

Je cours à perdre haleine, je n'ai plus que cette idée en tête : essayer de le voir, rajouter encore une belle surprise à cette journée. L'espoir m'a submergé et toute ma colère a disparu.

Enfin, je les aperçois. Péniblement, grand-mère se met debout, sans doute inquiète de mon allure. Je tombe à genoux devant eux et tente de reprendre mon souffle. Je n'ai qu'un mot à prononcer pour qu'ils saisissent.

— Walid !

Je presse ma main serrée sur mon point de côté tandis que le visage de petit chat s'éclaire et que celui de mamie se teinte d'incompréhension. Elle n'est pas au courant, évidemment. Mimant les paroles impossibles à sortir de ma gorge en feu, je demande à mon frère d'expliquer la situation à notre grand-mère. Pour l'instant, elle a la tête à moitié dans son énorme fourre-tout. Triomphante, elle en extrait une bouteille d'eau sur laquelle je me rue, reconnaissant.

— Walid a déménagé à Gruissan, énonce Léo.
— Mon Dieu ! Quand ça ?
— Début juillet. Son père était déjà parti depuis le mois d'avril et ils ont attendu la fin de l'année scolaire pour le rejoindre.
— Il a changé de travail ?

Mon frangin hoche la tête, ses yeux exprimant toute sa tristesse d'avoir perdu son meilleur ami.

— Quelle heure est-il ? Midi trente. Peut-être n'ont-ils pas encore mangé ? Dans ce cas, on pourrait partager le repas avec eux. Tu as les coordonnées de ses parents, chaton ?

Léo sort son téléphone de la poche de son jean et lui dicte le numéro de la mère de Walid tandis qu'il envoie un texto à son pote.

Mamie se lève, réajuste ses vêtements comme si l'on pouvait la voir à travers le portable et appelle.

— Bonjour, vous êtes la maman de Walid ?

— ...

— Je suis la grand-mère de Léo, je viens d'apprendre votre déménagement et nous sommes à Narbonne pour quelques heures. Je sais que c'est un peu soudain, mais les garçons pourraient-ils passer du temps ensemble dès que possible ?

— ...

— Bien, je comprends. Merci.

— ...

— D'accord, on fait comme ça. Au revoir.

Nous n'avons eu que les paroles de mamie et elles laissent peu d'espoir. Son air navré quand elle se tourne vers Léo n'arrange rien. Il cache ses larmes et creuse avec ses tennis des trous dans le sable.

22
Aélys

— Bien, pour demain, je vais vous demander de réfléchir au sujet de l'exposé que vous devrez présenter à vos camarades. Les premiers passent dès la semaine prochaine.

Des cris de protestation explosent dans la classe et interrompent le prof d'histoire. Personne n'aime ces devoirs ; en général, il n'y en a qu'un ou deux qui bossent. Sans parler du fait qu'il faut se voir en dehors du collège.

Je frissonne. Dans mon cas, il y a également le problème que, comme en sport, personne ne veut être dans mon équipe malgré mes excellentes notes. Être toujours le dernier choix, c'est douloureux. Je regarde en direction de Léo qui a l'air aussi horrifié que moi.

— Ça suffit ! tonne M. Letor. Si le délai est court, c'est parce que, par expérience, je sais que plus vous avez de temps, plus vous traînassez. Voyez le bon côté des choses, pendant plusieurs cours, il n'y aura que les exposés. Donc pas de devoirs. Bien, puisque vous êtes calmés, je vais vous communiquer les groupes que j'ai moi-même choisis.

Il attrape sa fiche et commence à nous donner la composition des trios. J'attends avec appréhension de connaître le nom des élèves avec lesquels je vais devoir endurer quelques après-midi dans les prochaines semaines, mais je remercie silencieusement mon professeur, qui m'évite un moment désagréable.

— ... et pour finir, Aélys et Léo. Désolé, vous ne serez que deux. Vous passerez donc en dernier pour vous laisser un peu plus de temps. Pas d'autres devoirs, je vous rappelle que vous devez vous mettre d'accord sur la personnalité historique qui fera l'objet de vos recherches et m'expliquer les raisons de votre choix demain. Je validerai alors, ou non, votre sujet.

La cloche retentit pile à la fin de sa phrase et tout le monde se précipite vers la sortie. Je laisse le flot s'écouler, comme Léo, qui me regarde. Sans un mot, parfaitement accordés, nous nous retrouvons à franchir en même temps le seuil de la classe.

— Salut, dis-je timidement, encore désolée de ma maladresse lors de notre dernière conversation.

— Salut, me répond-il sans lever les yeux.

— On va se poser près de la vie scolaire pour discuter de l'exposé ?

J'ai peur qu'il m'envoie promener, pourtant, il faudra bien qu'on choisisse notre sujet et c'est la récréation, le moment idéal pour ça. Il hausse les épaules et je souris. C'est la première fois que je vais passer la pause à parler avec quelqu'un au lieu d'être le nez dans un bouquin. Même s'il s'agit de devoirs, j'ai le sentiment d'avoir fait un grand pas dans ma vie sociale.

Nous descendons l'escalier en silence et j'en profite pour observer Léo de près. Si, de loin, je ressentais son isolement et son mal-être cachés derrière un détachement feint, là, j'ai l'impression d'un barrage érigé entre nous. Est-ce que moi aussi, à vouloir me protéger, je construis un mur autour de moi ?

Le banc que nous rejoignons est dédaigné des autres, car trop proche du bureau des surveillants. J'aime m'y installer, je m'y sens en sécurité. Nous n'avons que cinq minutes et j'espère qu'elles ne seront pas suffisantes, afin que nous puissions revenir après le repas. Ces deux heures me semblent toujours d'une longueur extrême les jours où le club d'échecs ne fonctionne pas. Et malheureusement, le CDI[5] est fermé le midi malgré la demande constante des élèves. Je comprends que la prof documentaliste prenne une

[5] Centre de documentation et d'information. Dans un établissement scolaire, c'est le lieu où l'on retrouve toute sa documentation, sur divers thèmes, mais aussi sur l'orientation. Il y a également des ouvrages de fiction, c'est quasiment l'équivalent d'une bibliothèque. Il y a, depuis quelques années, des cours donnés par un professeur documentaliste pour apprendre aux élèves à manipuler la documentation afin de dénicher l'information qui s'y trouve et dont ils ont besoin.

pause, mais un emploi jeune, comme ceux qui animent les activités de la coupure, pourrait sans doute s'en occuper, non ?

— J'ai déjà des idées !

— Moi aucune, je t'écoute.

— Ma préférée en premier : Louis Blériot. Je me suis renseignée sur lui quand j'ai appris comment s'appelait mon futur collège et j'ai très envie de pousser plus loin. Tu savais qu'il avait été le premier à traverser la Manche en avion ?

— Non, je ne me suis pas posé de questions.

J'essaie de ne pas paraître trop déçue, j'ai conscience que presque personne n'éprouve la même curiosité que moi, ce n'est pas une surprise. Néanmoins, je n'arrive pas à comprendre comment on peut vivre dans une rue ou fréquenter un établissement sans connaître ce que représente son nom.

— Mais j'aime bien cette idée. C'est original et intéressant, reprend-il.

— Cool ! Tu crois qu'on pourra aller chez toi pour travailler ?

Il fronce les sourcils et mon ventre se noue. J'espère quand même que ça va être possible, il nous faut un endroit tranquille et j'ai très envie de découvrir son lieu de vie.

— C'est compliqué en ce moment...

— Oh !

Je ne trouve rien d'autre à dire tellement je suis déçue.

— Et chez toi ?

Je secoue négativement la tête, il est inenvisageable d'amener quelqu'un à la maison. Je suis déjà obligée de me réfugier chez Artus fréquemment...

Artus ! Mais oui.

— Je peux demander à mon frère ! Il est bien plus vieux que moi et a son propre appartement.
— Super, c'est réglé alors.

Nous nous levons et rejoignons les marques indiquant où se ranger lorsque la sonnerie annonce la reprise des cours. Mathématiques, c'est décidément une très bonne journée !

23

Antoine

Un texto me sort de ma concentration. Je regarde l'heure en attrapant mon téléphone et constate avec surprise qu'il est déjà près de 22 heures. Je n'ai pas vu le temps passer. C'est Fred qui s'inquiète que je ne sois pas encore parti. Elle a envie de fumer et veut savoir si elle m'attend. Je lui réponds que j'arrive, enregistre mon travail et verrouille mon PC. Je me lève, saisis ma veste et me précipite dans le couloir. J'exécute un demi-tour au bout de quelques mètres et sors un paquet de cigarettes de mon tiroir. J'en prélève une avec mauvaise conscience puis ferme à clef mon bureau.

Quand les portes de l'ascenseur s'ouvrent au rez-de-chaussée, je découvre mon amie qui fait les cent pas.

— Eh, ça ne va pas, toi ? observé-je en lui faisant nos trois bises rituelles.

— Qu'est-ce qui te fait dire ça ?

— L'absence de sourire.

— Bien vu. C'est difficile en ce moment avec mon mari.

— Plus que d'habitude ?
— On a parlé divorce hier soir.
— Outch.

Je l'interromps alors qu'elle déverrouille la porte, fermée à cette heure, et la serre dans mes bras. Sa peine me touche et je retiens des larmes. Je ne sais pas pourquoi ça me fait aussi mal, ça ne me concerne pas. Empathie ou peur d'être le prochain ?

Elle s'effondre et lâche tout ; nous restons un long moment ainsi. Je n'ose plus rien dire et attends qu'elle soit prête à se confier. Enfin, elle se détache et me regarde en souriant.

— Merci, mais si tu es d'accord, on parle de toi, ce soir. Je ne me sens pas encore capable de te raconter. Et rien n'est fait. Je ne veux pas... rendre ça concret, tu comprends ?

Je hoche la tête. Bien sûr. C'est sans doute ridicule, pourtant, c'est sûrement ce qui m'a empêché d'appeler Denise dès que tout a commencé à partir en vrille à la maison. J'ai une pensée pour mes parents qui ne sont pas au courant non plus. J'espère que nous réussirons à tout arranger avant leur retour en France.

— De mon côté, ça a pas mal bougé ce week-end.
— En bien ?
— Je crois. Denise, la mère de ma femme est arrivée et Sandra s'est enfin confiée. Elle a décidé de rester

quelque temps et a emmené les garçons à la mer samedi, ce qui a permis à Léo de revoir son meilleur ami. Je ne sais pas ce que ça va donner, mais je suis soulagé, tu ne peux pas imaginer à quel point.

En outre, l'escapade de mes enfants nous a offert, à Sandra et moi, l'occasion de passer une journée tous les deux, en toute intimité… Ça, je ne peux pas le confier à Fred, même si égoïstement, c'est l'événement le plus important du week-end pour moi. Tout n'est pas terminé avec Sandra. Ça faisait tellement longtemps que je doutais que nous puissions de nouveau partager ce genre de moments.

— Attends ! Tu vas trop vite, là. Tu ne peux pas résumer autant de choses en deux-trois phrases, mon p'tit gars.

Je ris, j'adore quand elle m'appelle ainsi. J'allume ma cigarette et raconte tout à Fred : l'arrivée de Denise programmée par mes soins, mon soulagement à l'annonce de sa décision de rester, ce que j'espérais. Je lui confie ma surprise de son choix de repartir immédiatement avec les enfants chercher ses affaires. Je lui parle de l'idée de génie qui a traversé Alex pour Walid. De leur peur, car ce dernier passait la journée chez sa tante à près de cinquante kilomètres de là. De leur joie quand le père de Walid a fait demi-tour à l'instant même où il a appris que Léo était dans le coin. Denise m'a narré leurs retrouvailles avec les yeux humides. Comment n'ai-je pas pensé que programmer un week-end avec son ami aurait pu lui faire du bien ? Gruissan n'est pas si loin.

Fred était tellement contente pour moi que je n'ai pas osé lui mentionner ma dispute avec mon poussin à leur retour. Ma belle-mère et Sandra papotaient en rangeant les affaires de Denise dans son placard. Léo était en train de lire avec Squatteur dans sa chambre et je m'apprêtais à regarder un match quand Alex a débarqué dans le salon. Il s'est assis face à moi et m'a dit qu'il était en colère. Il avait passé la journée à ruminer malgré la présence de sa mamie.

Je comprends ses reproches, mais je sais que Sandra s'inquiète énormément pour lui et qu'elle consacre bien plus de temps à Alex qu'à Léo, qui refuse tout contact. Je lui ai rappelé que lui aussi fuyait en allant chez Aroon. Que sa mère était toujours là pour lui, c'est juste qu'il ne s'en rendait pas compte. Je lui ai parlé de tout ce qui lui était permis par rapport à son frère. Tout ce qu'on lui passait vu la situation difficile. Il n'a rien voulu admettre. À ma grande surprise, il m'a même reproché le garage fermé alors qu'il souhaitait s'entraîner sur le sac de frappe. J'étais tellement hors de moi que je n'ai pas écouté ce qu'il me disait. Je n'ai pas entendu qu'il avait aussi besoin de se défouler, qu'il souffrait qu'on lui interdise un endroit de la maison qui lui avait toujours été permis. Sandra m'avait prévenu, pourtant, encore une fois, je pensais qu'elle exagérait et que seul Léo pourrait mal réagir. Si je fais faire un double de la clef à Alex, comment chaton le prendra-t-il ?

24
Sandra

Je profite d'un moment calme pour bouquiner dans ma chambre. Le livre que m'ont offert les enfants à leur retour de Narbonne est passionnant. C'est le premier roman d'une jeune autrice[6], qui parle de seconde chance accordée à des adolescents qui ont vécu des situations difficiles. Forcément, ça résonne en moi avec une telle force que je dois m'interrompre de temps en temps pour ne pas me laisser submerger par mes émotions.

---

[6] Non, il ne s'agit pas d'une erreur. J'emploie sciemment le terme autrice, qui était historiquement utilisé et a été supprimé à la création de l'Académie française. Heureusement, en février 2019, l'Académie accepte enfin cette orthographe dans son rapport sur la féminisation des noms de métiers et de fonctions. Néanmoins, pour plus d'informations sur le débat sur ce sujet, je vous invite à vous plonger dans l'excellent article de ma consœur Nathalie Bagadey : « Pourquoi je dis "autrice" (et pourquoi je vous encourage à utiliser également ce terme) » sur son site http://nathaliebagadey.fr/.

J'en profite, tant que je parle de consœur, pour vous indiquer que *Seconde Chance*, le roman que dévore Sandra, existe réellement. Ce fut ma première « bêta-lecture » (lecture en avant-première pour remonter à l'auteur tout ce qui peut être amélioré sur le texte) et surtout, la rencontre avec Iléana Métivier, qui est devenue une amie dont j'admire le travail.

Maman aide poussin à faire ses exercices de géographie, Léo lit dans sa chambre. Il nous reste presque une heure avant la préparation du repas, qui est bien plus rapide maintenant que nous sommes deux en cuisine. Parfois trois quand Alex accepte de se joindre à nous pour faire plaisir à sa grand-mère. Je m'autorise encore trente minutes de lecture avant d'aller me battre avec Léo pour ses devoirs.

Captivée, je sursaute quand j'aperçois un mouvement à l'embrasure de ma porte. C'est mon petit chat qui est là, un livre à la main. Je pose le mien et tends les bras vers lui.

— Coucou, mon trésor, tu veux un câlin ?

Il hoche la tête et me rejoint sous la couette, son corps lové contre le mien. Je respire l'odeur de mon bébé et je me sens immédiatement apaisée. Qu'est-ce que ces moments me manquent ! Je parsème sa joue de baisers légers, comme il aime, tout en parcourant son biceps de la pulpe de mes doigts. Je connais par cœur ce qu'il préfère, mais il me laisse tellement peu l'approcher que, malgré la crampe qui me saisit le bras, je compte bien continuer jusqu'à ce qu'il me stoppe.

— Il te plaît, le livre que mamie et Alexandre t'ont choisi ?

— Beaucoup, mon petit chat. Et le tien, il est bien ?

— Trop ! dit-il en me montrant qu'il arrive à la fin alors que c'est un sacré pavé.

— Tu sais, je réfléchissais, et peut-être qu'on pourrait organiser quelque chose avec Walid pendant les vacances.

Il se retourne et me regarde avec un sourire éclatant.

— Ça serait top ! C'était trop court samedi.
— Qu'est-ce que vous avez fait ?
— On a mangé chez lui et j'ai passé l'après-midi là-bas pendant que mamie et Alex allaient chercher les affaires et faire des courses.
— Vous avez discuté ?
— Oui, il m'a raconté son collège et ses nouveaux copains.

Sa voix n'est plus qu'un murmure.

— Je suis sûre que personne ne t'a remplacé. Juste d'autres qui se rajoutent, mon amour.
— Il m'a dit que c'était moi, son meilleur ami à la vie, à la mort.
— Ah, tu vois bien !
— C'est bizarre sans lui.
— Je sais, mon chaton.

Je le serre plus fort contre moi, le déménagement de Walid n'a pas aidé mon fils qui commençait déjà à subir ses hormones. Je ne pensais pas que l'adolescence débutait si tôt, mais le médecin m'a confirmé que si. Alors, le départ en plus de l'ami qu'il a depuis la crèche, qui est comme un frère pour lui, ça ne passe pas et je peux le comprendre. Comment aurais-je réagi si l'on m'avait enlevé Samia ?

— On lit ?

— D'accord ! Vingt minutes puis au boulot ! décidé-je en mettant mon minuteur, seul moyen de ne pas avoir de contestation sur le temps écoulé.

— Mmmm.

J'oublie tout pendant ce laps de temps, le corps chaud de mon fils contre moi, emportée par les mots de mon roman.

L'alarme me fait sursauter et me rappelle que cet intermède est achevé. Nous allons devoir nous affronter pour les devoirs, puis pour le repas, et conclure en apothéose avec les médicaments.

— Fini, petit chat !

J'essaie d'accompagner cette mauvaise nouvelle d'un bisou dans son cou tendre. Il grogne et gigote.

— Je termine mon chapitre au moins, ronchonne-t-il.

— Ça dépend. Combien de pages ?

Je regarde avec lui, il en reste quatre.

— Bon, d'accord, mais après, tu travailles sans rouspéter, marchandé-je.

Je ne sais même pas pourquoi je dis ça puisque c'est impossible. Néanmoins, chaque jour, j'espère que ça se passera bien.

J'attrape la tablette qui traîne sur la table de chevet d'Antoine et me connecte à l'ENT[7] du collège pour accéder au cahier de textes numérique de Léo, sachant pertinemment que celui dans son sac est complètement vierge. Tiens, il a un exposé à faire sur Louis Blériot. Peut-être l'occasion de se faire de nouveaux amis, car j'ai l'impression qu'il ne parvient pas à s'intégrer dans sa classe sans la présence solaire de Walid.

Pour demain, ce sont surtout des leçons, je fais l'impasse. Le jour où nous arriverons à faire les exercices en moins de deux heures, il sera temps de s'attaquer aux cours à apprendre par cœur. Après mon tri, il reste une activité en maths et deux questions en français.

— Et voilà !

J'ai utilisé un ton enthousiaste, comme si c'était une bonne nouvelle. Bien entendu, il râle en refermant son livre ; il pensait pouvoir enchaîner sur un nouveau chapitre sans que je m'en aperçoive.

---

[7] Espace numérique de travail. Il s'agit d'un portail de services en ligne, où le collège dépose des informations qui sont accessibles en temps réel et à tout moment à l'élève et sa famille. Il est essentiellement utilisé par les professeurs qui y mettent les devoirs à faire, mais aussi le contenu des cours s'ils le désirent (ce qui est bien commode quand son enfant rate une journée ou deux s'il est malade !). Certains exercices peuvent même être rendus sur cette plateforme. On y trouve également les absences et retards ainsi que les notes, les bulletins scolaires et les événements de la vie de l'établissement.

En résumé : c'est très pratique pour la famille à condition d'avoir accès à Internet (et de savoir s'en servir).

— Tu as un exposé à faire ?
— Oui.
— Tu es avec qui ?
— Une fille.
— Qui a un nom ?
— Aélys.
— Elle était dans ton école ?
— Non.

Monosyllabique certes, mais conversation quand même. Je persiste.

— Vous n'êtes que tous les deux ?
— Oui.
— Oh. De mon temps, on était plus nombreux pour ce genre de travail.
— Les autres sont trois, mais vu qu'on est vingt-neuf, ben, y a une équipe de deux, et c'est nous.

Je suis tellement contente d'avoir une phrase complète en réponse que je passe rapidement sur le choix du professeur de ne pas avoir fait deux groupes de quatre, ce qui m'aurait paru plus logique.

— Et elle est gentille, Aélys ?
— Oui, elle m'a aidé quand j'ai fait mon hypo…

Quoi ? Mon corps se tend. Je dois garder mon calme pour ne pas le faire fuir. Déjà, je sens qu'il regrette ses paroles. Il commence à se dégager de mes bras pour se sauver.

— Quelle hypo, chaton ? C'était quand ?

Il saute du lit.

— Rien.

Rapide comme l'éclair, il a disparu en direction de sa chambre. Je me lève précipitamment et cours derrière lui. En colère, je perds le contrôle.

— Non, ce n'est pas rien ! Si tu as fait une crise d'hypoglycémie et que le collège ne m'a pas avertie, c'est grave.

— C'est bon, c'est passé. Lâche-moi !

— Il y a eu un problème ? Tu n'avais pas de sucre avec toi ? Le testeur est défaillant ?

Je cherche comment ça a pu se produire. Mon cerveau mouline à toute allure et perd les pédales.

— Je gère, merde ! Arrête de m'étouffer ! Tu ne me fais pas confiance !

Sa porte claque presque sur la queue de Squatt qui s'est faufilé *in extremis*. Je m'attends à entendre le bruit d'objets balancés en tous sens, mais étrangement, seul le miaulement du chat me parvient. Je me laisse glisser contre le battant et écoute Squatt. C'est complètement ridicule, pourtant, j'ai l'impression qu'il parle avec mon fils, qu'il essaie de le raisonner.

25

Denise

Ravie de ce moment passé avec mon poussin qui m'a rappelé l'époque où j'assistais les filles lors de leurs devoirs, je sors sur le palier et trouve ma Sandra adossée contre la porte de Léo. Sa tête rejetée en arrière, ses paupières fermées... Je m'attends à voir couler des larmes d'une seconde à l'autre. J'ai entendu claquer la porte de chaton, néanmoins, je me suis contenue, ne voulant pas qu'Alex pense que je l'abandonne pour son frère.

J'observe ma douce princesse. La bretelle de son débardeur retombe sur son bras sans qu'elle y fasse attention. Je m'accroupis face à elle, et lui caresse l'épaule, avec prudence, comme je le ferais avec un animal craintif. Elle ouvre les yeux et me sourit timidement.

— Il m'aide, maman.

— De qui parles-tu, ma puce ?

— Du chat ! Il vient de raisonner Léo.

Je ne peux pas m'empêcher de vérifier sa température en posant le dos de ma main sur son front. Ça la fait rire. Une attaque nerveuse ?

— Je ne suis pas malade. J'avais demandé à Squatt de m'épauler quand il est arrivé ici. Et c'est ce qu'il fait.

Je repense aux paroles d'Antoine qui me disait que ce chat apaisait Léo, que c'est la raison pour laquelle ils l'ont gardé malgré les allergies de Sandra qui, étrangement, ne semblent pas se manifester.

— Il peut calmer partiellement ses colères, oui. Il est prouvé que les animaux de compagnie aident à détendre leurs maîtres.

— Ce n'est pas un animal de compagnie. C'est... je ne sais pas, moi, mais il communique avec lui, vraiment. Je le sens, maman. Et je ne suis pas folle !

Elle a grondé, je choisis de me taire. Je ne souhaite pas me quereller avec ma fille. Toutefois, je ne supporte pas qu'elle mette trop d'espoir dans une bestiole. Il n'est ici que depuis peu, Léo est encore tout excité par la nouveauté. Cependant, les miracles n'existent pas et, même si ça fait mal, il faut ouvrir les yeux et affronter la réalité.

— Allez, viens, on va préparer à manger.

— D'accord, tu as envie de quoi ? me demande-t-elle en tendant la main pour que je l'aide à se lever.

— Si tu as ce qu'il faut, je me laisserais bien tenter par un gratin dauphinois.

— Je crois que oui, on va vérifier.

Satisfaite – voilà de quoi l'occuper un moment –, je descends l'escalier à sa suite. En passant devant ma chambre au rez-de-chaussée, nous entendons mon téléphone sonner.

— Vas-y, maman, je m'en charge.

Je cours et décroche sans avoir eu le temps de regarder le nom du correspondant. Mon sang se fige quand je me rends compte qu'il s'agit de Philippe. Il ne comprend pas mon message, insiste. La moutarde me monte au nez. J'ai déjà répondu à ses – trop – nombreux textos. Il m'informe qu'il a pris ses dispositions afin de me rejoindre. Je perds patience. Je lui ai expliqué que ma famille avait de graves difficultés et que je devais rester auprès d'elle. Nous avons besoin de tout, sauf d'un étranger qui débarque là-dedans. Je n'arrive pas à y croire. Je recompte nos rendez-vous. Cinq. Bien trop peu pour qu'il réagisse de cette façon. Devant mon énervement, il réplique et va jusqu'à m'insulter, me traiter d'allumeuse et de salope. À mon âge ! Non, mais sérieusement ! Je lui signifie qu'il n'est plus nécessaire de me contacter ou de chercher à me revoir et raccroche, tremblante.

Il faudra que je demande à Alex comment on bloque un numéro. Ou plutôt à Samia, mon poussin risque de se poser des questions. Et je compte bien rendre visite à ma fille de cœur très vite.

Une idée germe dans mon esprit et je pianote un texto. La réponse m'arrive dans les secondes qui suivent et un sourire s'épanouit sur mon visage. Cette bonne nouvelle chasse la contrariété causée par Philippe.

26
Sandra

Avant de changer d'avis, je frappe à la porte. Mon cœur s'emballe. Impossible à ce stade de savoir si c'est une bonne idée. J'ai autant envie de faire demi-tour que de m'introduire dans cette maison. Oublier pendant une soirée ma vie. Oublier ma famille, oublier que je suis mère. Être Sandra. Être vivante, drôle, sociable.

Le battant s'ouvre et révèle un visage qui resplendit de bonheur, deux prunelles noires rieuses, des fossettes, le tout encadré par des boucles folles, dont la coiffure au carré donne un volume impressionnant.

Samia.

Je n'ai même pas le temps de réagir qu'elle me saute dessus avec une force qui me coupe le souffle.

— Gargouillette !
— Coucou, articulé-je péniblement.

Elle rompt son étreinte, en prenant soin de garder mes bras dans ses mains pendant qu'elle recule d'un pas. Ses yeux perdent une microseconde de leur éclat joyeux, le temps de dresser l'inventaire de ce qui a changé chez moi. Sa petite moue ne m'échappe pas, elle se reprend néanmoins très vite.

— T'es prête ? Je vais te foutre la pâtée !

— Si ton objectif est d'arriver première en partant de la fin, je crois qu'en effet, tu vas réussir ! la provoqué-je.

Elle s'esclaffe et, si je ne suis pas encore capable de la suivre, je suis soulagée qu'elle ne m'ait fait aucune réflexion. Les autres attendent dans le salon et ma meilleure amie ne m'a jamais poussé dans mes retranchements avec du monde autour.

— Et voilà, elle est enfin là ! Les choses sérieuses vont pouvoir commencer.

Des verres se lèvent pour saluer cette déclaration et nous nous asseyons tous autour de la table de la salle à manger pourvue d'un tapis vert flambant neuf. Les cartes de tarot que je lui ai offertes pour ses trente ans trônent fièrement au milieu et je sens un sourire me monter aux lèvres. C'est le jeu qui occupait nos week-ends. Notre rituel du samedi soir avec maman et Fatima. Bien sûr, une séance par semaine ne nous suffisait pas, alors, nous faisions deux joueurs chacune et meublions ainsi les dimanches pluvieux dans notre chambre.

Adolescentes, nous avons instauré cette pratique parmi nos amis et je serais bien incapable de compter le nombre de nuits blanches à nous amuser. Une fois séparées par notre vie d'adulte, le tarot a rythmé nos moments passés ensemble. Avant ma première grossesse, nous nous retrouvions chaque week-end au hasard chez les uns ou chez les autres. Puis, le rendez-vous a été pris à mon domicile, tous les vendredis soir. Depuis que Samia est mère à son tour, les parties se déroulent ici. Antoine rechignait au début de notre relation ; joueur de belote, il n'aimait rien dans le tarot. Ni ses cartes trop grandes ni ses règles si différentes. Mais il a fini par céder et je sais que nos séances lui manquent autant qu'à moi. Le tarot est synonyme de détente, de rire et d'amitié dans mon esprit.

Je prends place, résolue à passer une excellente soirée d'autant que, fine psychologue, ma sœur de cœur a invité un de ses collègues accompagné de son épouse. Ne les connaissant pas, la conversation peut rester superficielle. Ils ne demanderont pas de nouvelles des enfants, je ne lirai pas la compassion dans leurs yeux.

Nous jouons pendant près d'une heure sans que je voie le temps défiler. L'ambiance est joyeuse, nous sommes cinq et pouvons nous affronter en équipe, ce qui occasionne discussions passionnées et blagues douteuses qui me font rire. Lorsque mon portable sonne, j'ai presque l'impression d'avoir vingt ans. Sans avoir bu une goutte d'alcool, je me sens légèrement ivre.

— Allô ?
— Maman ?

C'est Léo. Il semble au bord des larmes.

— Oui, mon chaton, qu'est-ce qu'il se passe ?
— J'ai fait un cauchemar.
— Tu me racontes ?
— Pas comme ça. Je veux que tu rentres.
— Je suis chez tatie, là, mon cœur, tu peux m'en parler au téléphone.

Il renifle. J'ai tourné le dos aux autres, mais je sens le regard de mon amie sur moi. Elle me rejoint et tient ma veste tandis que je l'enfile en mode automatique. Tout aussi mécaniquement, je lui emboîte le pas jusqu'à me retrouver sur sa terrasse, tout en écoutant mon trésor pleurer. Je n'ose rien dire, j'attends qu'il se confie. Samia s'assied et allume une cigarette. Le bout incandescent rougeoie six fois avant que mon chaton ne reprenne la parole.

— Non, je veux un câlin.
— Papa n'est pas là ? Ou mamie ?
— Tu vois que tu ne m'aimes pas !

Il a tellement crié que Samia s'est rapprochée et propose de lui parler. Au moment où je lui tends le portable en rassurant mon fils, ce dernier raccroche. J'ai l'impression d'être tombée dans un lac gelé. Il y a deux minutes, je riais, je me sentais bien, entourée de chaleur humaine. À présent, je serre ma veste contre moi, prise de frissons.

— Je crois qu'il vaut mieux que je rentre.
— Appelle Denise.
— Pourquoi ? m'étonné-je.
— Elle est sur place. Si elle pense qu'il faut que tu retournes chez toi, elle te le dira.
— Pas con.
— Évidemment, déclare-t-elle d'un ton faussement vexé.

Maman répond à la première sonnerie, elle est près de Léo et m'assure qu'Antoine s'en occupe et qu'au besoin, elle me contactera.

— Tu veux continuer à jouer ? m'interroge Samia d'une voix douce.

Je secoue la tête, toute légèreté m'a quittée.

— Je sais que ce n'est pas grand-chose. Juste un cauchemar. Et il n'est pas seul. Mais...
— J'ai entendu ce qu'il a crié. Même s'il n'en pensait pas un mot, c'était violent. Tu l'aimes tellement ! Il ne l'ignore pas, n'en doute jamais.
— Alors, pourquoi il me balance ça ?
— Peut-être parce qu'il devine que ça t'atteint. Qu'il souffre et qu'il n'a pas les clefs pour l'exprimer. Essayer de te faire vivre ce qu'il ressent, c'est tout ce qu'il peut faire.

— S'il me parlait, je pourrais l'aider à avoir moins mal.

— Bon, je dis aux autres de dégager. Dans cinq minutes, tu rentres et on se pose toutes les deux, tranquille.

— Samia, il est à peine 22 h 30 ! Tu ne peux pas les chasser déjà !

— Je vais me gêner, tiens ! me répond-elle avec un clin d'œil.

Nous sommes dans le salon et j'écoute le mari de Samia remplir le lave-vaisselle. Toujours plein de tact, il nous laisse un moment d'intimité.

— Tu sais que je l'aime beaucoup ?

— Quoi ? Mon canap' ? Moi aussi.

— Bécasse ! Donato.

— Il est déjà maqué je te signale. Et jeune papa en plus.

Je ne peux pas m'empêcher de sourire quand je vois son visage s'éclairer à la mention du bébé.

— Et comment va ma petite poupée ?

— Elle est merveilleuse ! Elle court vite maintenant et arrive à s'exprimer de plus en plus clairement.

— Pour le commun des mortels ou juste pour vous ?

— Vilaine ! Je te jure que c'est compréhensible.

Ravie, je l'écoute me parler de sa princesse pendant plus d'une demi-heure. Donato et Samia se sont rencontrés il y a dix ans et ont eu d'abord peur d'avoir des enfants. Ils étaient tellement fusionnels qu'ils avaient la trouille de rompre leur équilibre. Au bout de quatre ans, ils se sont lancés et j'attendais avec impatience d'avoir un petit neveu ou une petite nièce.

Malheureusement, les années ont passé sans que leurs tentatives aboutissent. Samia et moi avions le même cycle. D'après nos recherches adolescentes, c'est un phénomène fréquent des femmes qui vivent en communauté. Dernièrement, cette croyance a été remise en cause, cependant, nous avons décidé conjointement d'en faire fi. À chaque fois que j'avais mes règles, j'espérais pour eux. Chaque mois, Samia secouait la tête négativement avant que j'aie le temps de formuler ma question.

Ils ont fini par se diriger vers l'AMP[8] et nous les avons soutenus du mieux que nous pouvions dans ce parcours du combattant. Samia m'a plus d'une fois impressionnée en tournant en dérision avec force mimes des consultations médicales inhumaines.

---

[8] Assistance médicale à la procréation. Elle est destinée à répondre à la demande parentale d'un couple hétérosexuel en âge de procréer. Selon l'article L2141-2 du Code de la santé publique : « Elle a pour objet de remédier à l'infertilité dont le caractère pathologique a été médicalement diagnostiqué ou d'éviter la transmission à l'enfant ou à un membre du couple d'une maladie d'une particulière gravité. »

Il y a eu deux espoirs. Deux espoirs vains. Deux périodes douloureuses où Samia a beaucoup dormi à la maison.

Puis un troisième, alors que c'était la dernière tentative, *in extremis*, presque hors délais avant d'arriver à péremption. Une phase d'incertitude, de crainte. Pour finir en une explosion de bonheur.

Des pleurs interrompent la maman pleine de fierté. Donato nous rejoint, souriant, un paquet gigotant contre son torse.

— Tu veux voir ta nièce ?
— Bien entendu !

Je suis déjà debout, les bras tendus vers Elena. Je la prends délicatement en espérant ne pas lui faire peur. Depuis le temps, elle ne se souvient plus de moi. Je la berce en lui parlant. Elle est magnifique. Innocente.

— Viens t'asseoir, c'est qu'elle commence à peser son poids, m'interpelle Samia.
— Attends quelques années et tu verras qu'elle a la légèreté d'une plume, dis-je en rejoignant le canapé malgré mes paroles.

Je m'aperçois que Donato a de nouveau disparu et interroge du regard mon amie qui hausse les épaules en réponse. La petite puce me dévisage. Ses yeux se ferment quand je lui chante notre berceuse. Le mari de Samia arrive dans le salon, en pyjama et les bras chargés. Oreiller et couette atterrissent derrière moi.

— Il n'y a que pour toi que je fais ça, Sandra. Allez, filez ! grommelle-t-il en s'installant à ma place.

Malgré le ton faussement contrarié, l'index brandi, je sais que c'est sa façon de me dire qu'il m'aime au point de me prêter sa femme pour la nuit. Et Donato est plutôt du genre possessif. Ma meilleure amie lui saute dessus et l'embrasse à pleine bouche pour le remercier. Je cache les yeux d'Elena en m'écriant qu'il y a des enfants dans la pièce. Ils éclatent de rire avant de se souhaiter de beaux rêves.

Je couche le bébé endormi dans son lit et envoie un texto à ma mère et à Antoine, qui se déclarent ravis. Ils me rassurent quant à Léo et après m'être lavé les dents avec la brosse qui m'appartient chez mes amis, je rejoins Samia dans la chambre. Enfin prête à me confier.

27

ALEXANDRE

Des coups qui résonnent me réveillent. Je grogne et recouvre ma tête avec ma couette. Ça frappe de plus en plus fort. On est samedi, merde ! Je peux bien dormir un peu. Ça m'apprendra à accepter de rester là pour faire plaisir à mamie. Si j'étais sorti hier soir, ma mère ne serait pas en train de tambouriner ainsi. Ou c'est peut-être le casse-couilles.

— Alexandre !

Je me redresse d'un bond, c'est la voix de papa. Il est arrivé quelque chose à maman ?

Je me prends les pieds dans la couette en courant ouvrir et m'affale sur le chambranle. Sans écouter le lancement dans mon épaule qui a amorti le choc, je déverrouille ma porte, parfaitement réveillé.

— Ça va ? C'était quoi, ce bruit ? me demande mon père en fronçant les sourcils.
— Y a un problème ?
— Euh non, pourquoi il y en aurait un ?

— C'était quand la dernière fois que tu m'as réveillé ? Il est arrivé quelque chose à maman ?

Je vois une grimace déformer ses traits une micro-seconde à mon reproche. Il reprend vite contenance. Il est comme ça, papa. Imperturbable. Il ne se laisse pas dominer par ses émotions selon lui. À mon avis, il est juste froid et distant. Il n'a aucune ride d'expression, par exemple. On a du mal à croire que c'était un père taquin quand nous étions petits. Qu'il ait pu être mon héros un jour. Je le détaille de haut en bas, dégoûté d'avoir voulu lui ressembler.

— Non, ne t'en fais pas, me répond-il, légèrement surpris.
— Je m'en fous de toute façon.
— Elle a dormi chez tatie cette nuit et elle nous propose de la rejoindre là-bas aujourd'hui.
— Y aura la famille de Donato ?

J'irai même si ce n'est pas le cas, rien que pour voir si Samia a gommé une partie de la tristesse dans les yeux de maman. N'empêche que tonton a toute une tribu avec plein de gosses et on se marre bien. Ça fait un moment que je ne les ai pas vus et que je ne réponds à aucun de leurs messages, ne sachant pas pourquoi on ne vient plus. Heureusement, ils sont cool et ne vont pas me prendre la tête.

Papa est parti réveiller Léo après m'avoir confirmé leur présence. Je file sous la douche avant que le morveux utilise toute l'eau chaude.

Mamie est restée à la maison pour coudre, soi-disant pour ne pas nous avoir dans les pattes. On n'a plus quatre ans, on passe quasiment tout notre temps dans nos chambres ou au bahut, mais bon, on sait tous que c'est une excuse bidon. Elle ne veut pas se retrouver en face de nanna.

J'ai toujours du mal à croire qu'elles vivaient ensemble quand maman et tatie étaient gamines étant donné qu'elles s'évitent comme la peste. On fait semblant de ne rien voir, pourtant, ça commence sérieusement à me gonfler. Franchement, les adultes nous prennent la tête parce qu'on est soi-disant immatures, mais ils feraient mieux de se regarder avant de parler. Par exemple, papa qui se retrouve en tête à tête avec ses deux fistons alors que ça ne s'est pas produit depuis des lustres. Est-ce qu'il a essayé de faire la conversation ? Non, il a mis un livre audio. Pas de communication. Le message est tellement clair que petit chat et moi avons décidé de nous raconter tous nos souvenirs avec nos cousins. Si ça a débuté pour énerver le paternel, je me suis pris au jeu et c'est très excité que j'arrive chez Samia.

— Un… commence Léo, la main sur la poignée intérieure de la voiture.

— Deux… continué-je en faisant de même.

On se regarde, et on hurle en même temps le trois qui donne le départ à une course effrénée jusque chez tatie, c'est-à-dire environ dix mètres. Évidemment, je le distance en à peine deux enjambées. Lui ressemble à un moineau et moi à un ours. C'est le jeu, ma pauvre Lucette, et c'est lui qui a commencé, il n'a pas intérêt à bouder.

Sans frapper, j'ouvre la porte et en quelques secondes, je suis envahi par les gosses qui se pressent autour de moi. Tonton faisant partie d'une famille de cinq enfants qui ont tous – sauf lui – eu au moins trois mômes, il y a de quoi porter, embrasser, pousser du coude.

— Ouste, ouste, laissez-moi voir mon poussin qui a grandi ! gronde faussement Samia en écartant la nuée autour de moi.

Je n'ai pas le temps de bouger que les bras de tatie se referment sur moi. Je souris en constatant que je fais désormais une bonne tête de plus qu'elle. Elle ne pourra plus m'étouffer, c'est à moi de le faire. Je la serre fort, elle rit en se dégageant. Je me sens à ma place quand j'aperçois chaton, soulevé par tonton qui le fait tourner, bras tendus au-dessus de lui, tandis que maman se cache les yeux et que papa encourage son meilleur ami tel un entraîneur de catch. Qu'est-ce que j'aimais ça ! Hors de question que Donato le sache, il serait capable de me le faire malgré mon âge. En tout cas, essayer, car vu ma nouvelle carrure, je ne suis pas sûr qu'il parvienne à me tenir.

Avec Léo, nous passons de bras en bras et le repas débute avec une bonne heure de retard sans que personne ne s'en formalise. Nous sommes ensemble et c'est ce qui compte.

J'ai tellement mal au ventre à force de rire des pitreries de mes cousins et des blagues de maman et tatie que je sors de table. Plusieurs me suivent, nos parents nous appelleront pour le dessert, pas avant une ou deux heures ; au mieux.

Nous allons profiter du soleil dans le grand jardin dont j'étais jaloux tout mioche. Ici, il y a de la place pour courir, faire une partie de foot endiablée, et même se cacher grâce aux arbustes. Rien à voir avec notre mouchoir de poche sans plantations hormis la haie.

Avec ceux de mon âge, on essaie de s'esquiver pour se poser dans un coin au calme. OK, on a envie de fumer. Les petits ont décidé de nous mettre des bâtons dans les roues et ne nous lâchent pas. Il est hors de question d'en griller une devant eux, ils nous balanceraient sans perdre une seconde. Avec les autres, on se regarde d'un air désespéré. Comment va-t-on se débarrasser d'eux ? Déjà collants de base, avec mon absence de plusieurs mois, ça nous semble mission impossible.

Jimmy, un de mes grands cousins, qui reste désormais plus avec les adultes, leur propose une partie de ballon en nous faisant un clin d'œil. Forcément, tout le monde accourt, même Léo. Pendant une seconde, je pense à lui rappeler qu'il faut qu'il se teste avant, puis je me dis que toute la famille est au courant, qu'ils se démerdent. Et effectivement, j'entends au moins cinq voix piailler pour lui demander son indice glycémique. Je hausse les sourcils quand je vois Jim proposer son aide. Guilia, qui a mon âge et dont j'ai toujours été très proche, en profite pour me souffler que Jim a obtenu son diplôme d'infirmier cet été. Je me souviens de l'ado bûcheur, pourtant disponible pour nous, les plus petits. Je l'admirais beaucoup et je me demande si mes cousins plus jeunes ressentent la même chose envers moi. Je suis tellement heureux pour lui que ça me pince la poitrine. On n'a plus l'habitude des bonnes nouvelles.

Je suis sorti de mes pensées par ma complice qui m'attrape par la main et nous entraîne en courant loin des minus.

Je m'adosse au mur sur le côté de la maison où nous nous sommes réfugiés pour être à l'abri des regards. Guilia allume la cigarette tant désirée quand, par-dessus les cris des gamins, nous entendons la porte d'entrée s'ouvrir. En nous dévisageant, nous nous figeons. Je fais signe à ma cousine de ne pas balancer la clope de suite, peut-être ne viendront-ils pas par ici. Espérons que l'odeur ne nous fasse pas repérer.

— Qu'est-ce qu'il y a qui ne pouvait pas attendre ?

Ma mère !

— Léo a encore un nouveau téléphone, répond une voix cassante que je reconnais aussitôt.

Mon père. Pour une fois qu'elle riait, il faut que ce con lui prenne la tête.

— Oui, depuis presque une semaine.

Elle ne dit pas que s'il était là, il l'aurait vu. Je serre les poings pour éviter d'y aller.

— C'est déjà son troisième téléphone, Sandra, tu te rends compte ?

J'oublie la jalousie que j'ai éprouvée quand maman a emmené Léo en courses pour en choisir un nouveau alors que moi, si je pète mon téléphone, il faut que j'attende Noël ou mon anniversaire pour le remplacer.

— Le dernier était cassé.
— Tu lui as passé un savon au moins ?
— Non.

Le ton de ma mère est froid, ça me glace.

— Bravo. Quelle éducation ! Il faut qu'il comprenne que s'il ne prend pas soin de ses affaires, il fait comme Alex, il patiente !

— Il est MA-LA-DE. On ne peut pas rester sans nouvelles de lui.

— TU ne peux pas.

— Effectivement, toi, tu t'en fous.

— Je t'interdis de dire ça, gueule mon père.

— Donc nous sommes d'accord, j'ai bien fait de lui en racheter un.

— Non. La prochaine fois, tu m'en parles avant.

— Quand ? Le soir, quand tu refuses de m'écouter à cause de ta journée de boulot épuisante ? Le week-end, quand tu t'enfermes dans le garage ?

— Arrête !

Il hurle à présent tandis que la voix de ma mère se brise. Guilia m'a pris le bras, autant pour m'empêcher de m'en mêler que pour me soutenir. Nous retenons notre souffle.

À l'arrière du jardin, dans le silence des enfants, j'entends Jimmy essayer de ranimer l'ambiance.

— Je rentre, il est impossible de communiquer avec toi. Mais si ça t'intéresse, Léo a abîmé son portable en tombant dans les escaliers au collège. Il était couvert de bleus et nous avons même fait une radio pour vérifier que rien n'était cassé. Pardon d'avoir mis la santé de mon fils en priorité sur un téléphone à cinquante euros.

La porte claque et j'entends mon père faire les cent pas. Je suis sous le choc, moi non plus, je n'ai pas vu que Léo était blessé. Je lui ai crié dessus parce que je trouvais injuste qu'il ait encore un nouveau portable. Putain !

Mes jambes s'affaissent, Guilia accompagne ma descente sur le sol où je termine assis contre le mur. Mon visage caché entre mes mains, dans le silence que n'a pas réussi à briser mon cousin, j'entends le bruit d'un briquet. Je lève la tête à l'instant où nous parvient l'odeur si reconnaissable de la cigarette. Mon estomac se retourne, je crois que je vais vomir. Je regarde la clope désormais éteinte entre les doigts de Guilia. Envie mêlée de la déchiqueter et de me précipiter dessus. Je l'attrape, l'allume avec le désir fou que mon paternel me découvre. Qu'est-ce qu'il pourra me dire quand il fait les mêmes conneries que moi ?

Est-ce que je lui ressemble ?

28
Aélys

— Tu as mal quelque part ?

— Un peu au ventre, rien de méchant.

Sa réponse froide m'empêche d'insister. Nous devons marcher un bon kilomètre pour arriver chez Artus, j'espère que ça va aller. Je vois bien qu'il retient une grimace à chaque pas. Des séquelles de sa chute ? Elle commence à dater pourtant et il semblait se porter très bien ce matin. C'est sans doute une gastro, je ferais mieux de ne pas trop m'approcher.

Depuis que nous avons quitté le collège, je me creuse la cervelle pour trouver un sujet de conversation, mais rien à faire. Tout ce qui me passe par la tête, ce sont des questions sur sa solitude, sa maladie, son traitement. En gros, tout ce que socialement, je n'ai pas le droit de demander.

Soudain, je remarque un chat noir qui vient à notre rencontre. Je cours, espérant que ce soit le mien.

— Einstein !

J'attrape mon matou et le serre dans mes bras, heureuse qu'il soit là. De le voir en même temps que Léo me fait repenser à celui que j'ai aperçu suivre mon binôme le matin où je suis arrivée en retard. Le rouge me monte aux joues rien qu'à ce souvenir. La CPE a été très gentille et m'a servi un verre d'eau. Puis elle a travaillé sur les dossiers des élèves en attendant que je me calme. Plus de la moitié du cours s'était écoulée avant que je parvienne à la remercier. À ce moment-là, j'étais très perplexe quant à son attitude. N'aurait-elle pas dû me gronder ? Me renvoyer en classe ? Au lieu de ça, elle a commencé à discuter avec moi. Sans même m'en rendre compte, je lui ai raconté l'épisode de la matinée. Elle ne s'est pas moquée et a été très compréhensive en m'expliquant que les crises d'angoisse étaient très dures à gérer et que si ça se reproduisait, je pouvais venir dans son bureau ou aller à l'infirmerie. Je ne peux pas m'empêcher de penser que certains doivent profiter de sa gentillesse.

Je suis coupée dans mes souvenirs par Léo qui nous a rejoints.

— C'est ton chat ?

— Oui, le plus doué de tous : Einstein. Einstein, voici Léo.

Je me sens ridicule, néanmoins, ce chat est tellement intelligent que je trouve irrespectueux de ne pas faire les présentations avec lui comme avec n'importe qui d'autre. Et puis, c'est mon plus proche ami. Il a débarqué juste au moment où Artus a emménagé dans son appartement. J'étais désemparée ; je me retrouvais seule avec ma mère et sans Einstein, je ne sais pas ce que je serais devenue.

— Salut, lui dit Léo en caressant ma boîte à ronrons.
— On est presque arrivés, tu veux le porter ? lui proposé-je en oubliant son mal de ventre.

Aussi amnésique que moi, ravi, il soulève délicatement mon chat et le cale confortablement entre ses bras maigres. Nous reprenons notre route, avec de quoi nourrir une conversation grâce à Einstein. Je suis si contente que j'ai envie de sautiller partout.

— Tu habites près d'ici ?

Sa voix me paraît éloignée et je me rends compte que je l'ai distancé de vingt bons mètres. Heureusement que nous ne sommes plus qu'à une rue.

— Non, de l'autre côté, dis-je en désignant les pavillons derrière nous et en l'attendant, mine de rien.
— Mais comment savait-il que tu serais là ?

Je me rengorge devant son air surpris. Eh oui, Einstein est un génie !

— Il lui arrive de venir à ma rencontre et il devine toujours si je rentre à la maison ou si je passe chez mon frère. Un vrai magicien.
— C'est fou ça !
— Carrément, oui, dis-je en riant.

— J'ai un chat moi aussi depuis pas longtemps. C'est étrange, il lui ressemble comme deux gouttes d'eau. Il a même des poils blancs dans les oreilles !

— Je l'ai aperçu te suivre au collège le jour où je t'ai parlé.

— Celui où j'ai fait l'hypo ? demande-t-il en fronçant les sourcils, piochant dans sa mémoire.

— Non, celui où j'ai raté la première heure.

— Ah ! Comment t'as fait pour le voir puisque tu es arrivée plus tard ?

Devant son air perplexe, je réalise qu'il ne m'a pas ignorée sciemment, il ne m'a simplement pas remarquée, enfermé dans sa bulle ! Je suis tellement soulagée que j'ai envie de danser.

— J'étais chez la CPE…

Il hoche la tête et n'ose pas me questionner plus, ce dont je lui sais gré. Ce n'est pas que je ne veuille pas raconter ma crise d'angoisse, mais je ne souhaite pas gâcher ce moment joyeux entre nous. Le premier d'une longue série. J'espère.

Léo se met à détailler Einstein, cherchant sans doute les différences avec son chat.

— Tu crois qu'ils pourraient être amis ?

J'ai presque chuchoté, de peur de sa réponse. J'ai bien conscience qu'il ne s'agit pas de l'amitié entre Einstein et un autre animal qui m'inquiète.

— Je sais pas, je n'ai pas encore vu Squatt avec un copain.

— Le mien aussi est toujours seul. Ou avec moi.

Nous sommes arrivés et je pousse la lourde porte qui donne accès aux boîtes aux lettres de l'immeuble. Six, c'est tout petit, mais c'est déjà pas mal pour mon patelin. Cette proximité, c'est ce qui plaît à mon frère. J'en suis heureuse, car je ne sais pas si je me serais sentie rassurée au milieu de dizaines de gens comme dans une grande ville. Einstein saute des bras de mon ami pour grimper l'escalier de sa démarche souple. Nous l'admirons avec un sourire avant de le suivre.

Je sonne à la porte et Artus ouvre immédiatement tandis que mon chat miaule d'impatience. Les effluves d'un rôti de bœuf – mon plat préféré – nous chatouillent les narines. À peine entré, Einstein se précipite dans la cuisine et se rue sur le bol de croquettes à sa disposition.

— Bonjour, les jeunes !

Je me jette dans les bras de mon grand frère, l'endroit où je me sens le mieux au monde. Cependant, pour une fois, je le lâche vite tellement je suis impatiente de manger et de finaliser notre devoir avec Léo, nous l'exposons bientôt et je suis confiante vu les présentations des autres élèves. Tous les midis, nous nous sommes retrouvés pour avancer, échanger et sélectionner les informations à inclure dans notre support.

Je file allumer l'ordinateur tandis qu'Artus – qui va déjeuner avec nous avant de retourner travailler – pose des questions à Léo à propos du collège tout en mettant la table avec lui. Ça semble innocent, pour autant, il n'est pas gendarme pour rien...

29
Antoine

Je claque la porte des toilettes avec rage. Je viens de me disputer avec Marc à cause de sa réflexion à la con en partant. Non mais de quoi je me mêle ? Qu'est-ce que ça peut lui foutre que je rentre tard ? Je suis sûr que sous prétexte de se soucier de ma santé et de ma famille, il est jaloux, car je gagne désormais plus d'argent que lui. Il n'a qu'à traiter autant de dossiers que moi, on a de quoi faire, ça, ce n'est pas le problème. Rien que pour l'emmerder, j'ai envie d'appeler pour annuler mon rendez-vous et terminer à pas d'heure comme les autres jours. Si mon collègue apprend que j'ai quitté le travail juste après son départ, il va penser que c'est grâce à lui et je n'aurai pas fini d'entendre ses recommandations paternalistes.

Putain ! Je regarde les pauvres murs de placo qui ne résisteraient pas à ma colère, et mon sac de frappe me manque. J'allume le robinet, remplis mes mains d'eau et m'asperge le visage. Voilà qui me calmera assez pour continuer à bosser une petite demi-heure.

Je retourne à mon bureau à l'instant où le téléphone sonne. Je me sens incapable de répondre. Si jamais je perds les pédales, si je parle mal à un client... Malgré mon travail de forçat, la boîte n'hésiterait pas à me signifier mon congé.

Dès que l'appareil se tait, je tape la combinaison de touches qui me permet de sortir du groupement. Ma veste enfilée à la va-vite, je m'engouffre dans la rue et sans un regard pour la station de métro en face de l'immeuble, je me dirige vers le centre-ville d'un pas vif.

Alors que je suis près d'arriver, mon portable m'informe que ma femme essaie de me joindre. Suffisamment calmé pour prendre l'appel, je ralentis mon allure afin de ne pas poireauter sur place le temps de finir cette conversation.

— Antoine ?

— Oui ?

— Tu es encore au travail ?

— Bien sûr, où veux-tu que je sois ?

— Quelle question, pardon, me répond-elle, pince-sans-rire.

— Qu'est-ce qu'il se passe ? Un problème avec Léo ?

— Non pas du tout.

Elle rit. Sans la voir, je ne parviens pas à déterminer si c'est nerveux ou si quelque chose l'amuse.

— Une bonne nouvelle ?

— Un nouvel invité surprise !

— Sérieux ?

— Je crois que notre maison se transforme en auberge. (Elle éloigne le téléphone.) J'arrive, chaton. Excuse-moi, Léo a besoin de moi. Tu découvriras notre hôte quand tu rentreras.

Interloqué, je regarde mon portable : elle a raccroché ! Il y a belle lurette que nous ne nous susurrons plus de mots tendres, mais c'est la première fois qu'elle coupe avant que je lui dise au revoir. Au même instant, un vieil homme sort de l'immeuble, je saisis l'opportunité pour m'y glisser. J'appuie sur le bouton en me demandant qui est cette nouvelle personne. À ce rythme, on va finir par doubler la population de la maison. En incluant le chat, évidemment.

Le « cling » de l'ascenseur qui annonce son arrivée me fait sursauter. J'y entre en rangeant mon portable dans la poche de mon blouson. Je profite d'être seul pour me recoiffer, ça m'occupe à peine deux secondes. Je me sens désœuvré et trouve la montée extrêmement lente alors que le bâtiment n'est pas si haut. Je sonne et essuie rapidement mes mains moites sur mon pantalon. Elle m'ouvre, ses cheveux blonds recouvrant à moitié un sourire chaleureux accroché à ses lèvres. Je l'imite tout en refermant la porte derrière moi.

30

Denise

Si je m'attendais à ça ! Je n'en reviens pas que Samia ne m'ait pas prévenue.

Elle est arrivée tout à l'heure avec sa mère pendant que je faisais les courses. Je me suis perdue un moment au rayon DVD, captivée par toutes ces jaquettes qui attirent l'œil. Après maintes hésitations, j'ai jeté mon dévolu sur *Avatar*. Il paraît qu'il est formidable et j'étais sûre qu'il plairait aux garçons. C'est finalement presque deux heures plus tard que je suis rentrée chez Sandra pour découvrir Samia et Fatima installées dans le canapé, une tasse de thé à la main.

Samia m'a sauté dans les bras, même si nous nous sommes vues il y a peu de temps. Depuis le week-end où elle a accueilli ma fille, à mon grand plaisir, elle passe quasiment un jour sur deux avec Elena afin de partager notre goûter.

Fatima est restée en retrait, cependant, son sourire m'a désarçonnée. La dernière fois que nous nous sommes retrouvées seules, nous nous étions disputées comme ça ne nous était jamais arrivé. Depuis, notre relation est réduite au strict minimum. Les anniversaires, les Noëls. C'est bien suffisant. Dès qu'elle est dans la même pièce, mon rire s'éteint, ma gorge s'assèche, mon estomac pèse un âne mort. Il est cependant normal qu'elle veuille, elle aussi, être présente pour Sandra. Je n'oublie pas malgré notre froid qu'elle a élevé ma fille presque autant que moi.

Incapable de répondre à ce qui était peut-être une invitation à la paix, je me suis rendue à l'étage à la recherche des garçons. Serviables avec leur grand-mère, ils sont tout de suite descendus vider la voiture pendant que je rangeais les courses dans la cuisine. Dès leur tâche accomplie, ils ont rejoint les autres au salon en poussant des cris de joie pour accueillir leur tante et leur nanna. Visiblement, l'arrivée avait été discrète, sans doute pour permettre à Sandra de se confier en toute tranquillité.

Le dos appuyé au plan de travail, je fixe la porte du four tandis que résonnent les rires dans la pièce voisine. Je me laisse encore quelques minutes avant qu'ils se rendent compte de mon absence. Un frôlement me fait sursauter et je ricane nerveusement en constatant qu'il ne s'agit que du chat.

— Qu'est-ce que tu fais là, Squatteur ?

Il se frotte à mes jambes sans miauler, complice de ma tentative de me cacher. Je trottine jusqu'à une chaise de l'îlot central et m'assieds. Aussitôt, il saute lestement sur la surface dégagée face à moi et entame des allers-retours. Vaincue, je lui donne les caresses qu'il réclame. Saoul de bonheur, il se laisse tomber et s'étale de tout son long. Je m'amuse de son attitude.

— Tu es un charmeur, toi. Tu as réussi à te mettre ma fille dans la poche et ce n'est pas évident. Elle va même jusqu'à raconter que tu aides Léo. Que tu communiques avec lui. Mon pauvre chat, on te prête bien des choses dans cette maison.

Brusquement, il se redresse et se roule en boule, d'un air vexé. Est-ce que ce que je lui ai dit ne lui a pas plu ? Je secoue la tête en me traitant de vieille imbécile. Ce n'est qu'une bête, pas un magicien ou une sorcière sous l'apparence d'un animal domestique.

— Tu boudes ?

Après tout, personne ne m'entend. Et je nierai même sous la torture s'il le faut. Il relève le museau, me fixe et cligne des yeux. Mon cœur s'accélère et je décide de rejoindre les autres. L'ambiance est devenue si étrange dans la cuisine que je préfère être mal à l'aise avec Fatima.

Nous avons profité de ce samedi soir pour regarder le film que je viens d'acheter. Je serais bien incapable de dire de quoi il parle. Ses dominantes de couleurs sont le vert et le bleu, hormis ça... J'ai passé ce temps à ressasser mes souvenirs et à observer ce que j'appelle ma famille en m'interrogeant sur le rôle de Fatima.

Antoine nous a rejoints pour le repas et à peine la porte franchie, il s'est précipité vers Fatima en hurlant que c'était elle ! Tout le monde – sauf moi – a ri, même les enfants, qui avaient l'air d'être dans la confidence. C'est elle quoi ? Je n'ai pas tardé à avoir la réponse : mon ancienne colocataire le redevient pour une semaine. Elle a été mandatée par Samia.

Je n'ai plus été capable de décrocher un mot de la soirée, prétextant une affreuse migraine. Coutumière du fait, je n'ai pas éveillé l'attention. J'ai voulu m'éclipser sitôt le repas terminé, mais les garçons m'ont rappelé que j'avais promis une séance film en sortant mon achat. Impossible d'y échapper. Tout le monde s'est posé où il pouvait. Les mères – quel que soit leur âge – dans le canapé, avec au milieu, Samia sur les genoux de Sandra. J'ai eu un choc. L'impression de revenir presque trente ans en arrière. À l'époque, nous n'avions qu'un minuscule sofa et elles se mettaient toujours ainsi. Malgré ça, nous étions serrées, mais dans les rires et la tendresse. Cette proximité réchauffait nos cœurs.

Antoine s'est installé dans le fauteuil et les garçons par terre. Petit chat a râlé un tantinet à cause de son manque de confort. Néanmoins, quand Samia a proposé d'échanger leurs places, il a refusé et n'a plus moufté. Si on sentait bien qu'il était grognon au début du film, il a été rapidement captivé. Au point d'en oublier de bouder.

En partant retrouver son mari et sa fille, Samia m'a serrée dans ses bras en chuchotant qu'elle était désolée, mais qu'il n'y avait peut-être pas que Léo et Sandra qui avaient besoin d'aide.

Je suis dans ma chambre pendant que Fatima couche les garçons et je m'interroge. Est-ce qu'elle parle d'Alexandre ? Il a tellement changé. Lui qui a toujours été si gai, si bavard, il s'est complètement renfermé. Mon petit poussin a perdu sa spontanéité qui rayonnait sur tous ceux qui l'entouraient.

La porte s'ouvre brusquement sur Fatima. Je sursaute et peste contre moi-même. J'aurais dû profiter de ce moment pour me coucher et faire semblant de dormir à son arrivée. Elle s'approche de moi et par réflexe, je m'éloigne, me prenant le lit contre les jambes. Un soupçon de déception voile son regard et elle lève les mains en reculant d'un pas. Je respire et m'assieds.

— Denise, je suis navrée de t'imposer ma présence.

Que puis-je lui répondre ? Que je le suis encore plus qu'elle ? Je ne souhaite pas la froisser, juste qu'elle disparaisse.

— Tu vas m'ignorer toute la semaine ?

Je contemple mes mains, désormais légèrement ridées, abîmées par des années à faire le ménage, mais aux ongles bien manucurés. Celles de Fatima étaient magnifiques, je ne supportais pas de voir les miennes à côté des siennes, elles ne souffraient pas la comparaison. Depuis que je suis à la retraite, j'en prends le plus grand soin. À présent, je peux me faire plaisir avec des vernis plus beaux les uns que les autres même si rien ne réparera les ravages de quarante ans de détergent.

— Tu as conscience que ta façon de réagir est blessante ?

Quoi ? Comment peut-elle dire ça ? J'ai assez à gérer avec Sandra et les garçons pour ne pas avoir en plus à m'apitoyer sur son sort.

— Arrête d'être égocentrique. C'est toi qui es venue.

— Je n'ai jamais compris pourquoi une fois les filles parties, tu as décidé de couper les ponts avec moi.

— Nous vivions ensemble pour elles, parce que c'était plus simple, que je travaillais de nuit et que toi, tu ne pouvais pas récupérer Samia à la sortie de l'école. Ça nous arrangeait. Il était normal que ça s'arrête.

Je la regarde furtivement, juste assez pour constater qu'une larme perle au coin de son œil gauche. Je n'ai jamais vu Fatima pleurer et je n'ai pas la force que ça commence aujourd'hui. Je m'allonge, me recouvre de la couette et éteins la lumière. D'interminables minutes plus tard, j'entends la porte de la chambre se refermer doucement.

31
Sandra

En attendant notre commande, je regarde Samia, le sourire aux lèvres. Elle est ravie de s'être offert un moment de shopping sans Elena et me montre ses achats avec force gestes et enthousiasme. Je l'imagine poussant des petits cris dans les rayons et me marre.

— Je n'arrive pas à croire que tu aies lâché ta fille !

Elle rigole et me tire la langue.

— Je progresse, tu vois ! En fait, il lui fallait de nouvelles fringues, elle grandit à toute allure. Et en ce moment, elle est insupportable en courses. Elle hurle quasiment non-stop, c'est horrible, on dirait que je la frappe...
— Ça passera, ne t'inquiète pas.
— Pour toi aussi, ma gargouillette, ça passera.
— Pas pour Léo.

La joie disparaît du visage de mon amie et la compassion teinte ses yeux d'humidité. Trois petits mots qui ont gâché l'ambiance. Il faut que j'apprenne à me taire. C'est pour ça que je préférais rester seule, j'ai beau essayer d'être gaie et souriante, la réalité revient toujours à un moment ou à un autre.

La prise des commandes fait diversion quelques instants. J'incite mon amie à parler de sa fille pour éviter d'aborder mes problèmes.

— À quoi tu penses ? me demande au bout de quelques minutes ma grenouille qui a dû voir mon humeur maussade.

Je hausse les épaules pour esquiver sa question tandis qu'elle ne me lâche pas du regard.

— Je dois juste être insupportable au quotidien.

— Quoi ? Mais ça ne va pas !

— Je comprends qu'Antoine fuie la maison.

— Stop, ma chérie ! Même si j'adore ton mari, TU n'es pas responsable de son attitude ! Et puis, explique-moi en quoi tu serais si difficile à vivre.

— Je ne ris plus.

— Il te raconte des blagues ? me demande du tac au tac mon amie.

Je prends quelques secondes pour réfléchir. Mon époux est bon public, pour autant, il n'a jamais fait d'humour de son propre chef.

— C'est moi qui n'en fais plus.

— C'est normal de ne pas avoir le cœur à plaisanter lorsque nos enfants souffrent. Rien que quand Elena a mal aux dents, j'ai un nœud au ventre. Alors toi, je n'imagine même pas.

Elle a pris ma main et la caresse. Je ferme les yeux, chasse les larmes et me concentre sur le mouvement en rond de ses doigts qui m'apaise.

— Excusez-moi.

Je sursaute quand le serveur arrive et dépose nos assiettes sur la table. Devant le menu, l'hésitation a été grande entre une salade bonne pour la conscience ou un steak frites bon pour le moral. Nous avons choisi de concert de privilégier notre moral. Contrairement à d'autres, les soucis ne me coupent pas l'appétit, bien au contraire. Et j'ai la chance d'être dotée d'un excellent métabolisme. J'attaque donc mon repas avec entrain.

— OK, tu ne fais plus le clown, ça ne te rend pas invivable pour autant, non ?

Décidément, elle ne changera jamais. Toujours à ne rien lâcher, à me pousser dans mes retranchements.

— Je lui fais des reproches, je...
— Je sens que la vraie raison est dans ce « je... ».
— C'est devenu compliqué entre nous...

Ses prunelles ne me quittent pas, sa fourchette est restée stoppée en pleine course à quelques centimètres de sa bouche. J'engouffre une frite et prends le temps de bien la mâcher, exprès pour la faire enrager. Ou me donner encore quelques secondes.

— Punaise, accouche !
— Dans l'intimité. Je n'ai plus envie.

Voilà, je l'ai dit. Morte de honte, je fixe mon assiette tandis que Samia éclate de rire. Elle abuse, là. Je lève les yeux et la foudroie du regard.

— Oh, calme-toi, gargouillette ! C'est juste que tu en fais une telle montagne. Tu crois quoi ? Que personne ne rencontre ce problème à un moment donné dans sa vie de couple ?

— Ben franchement, oui. En tout cas, ça ne nous était jamais arrivé.

— Tu sais, au bout d'un moment à tenter à tout prix d'avoir un enfant, quand chaque relation n'est plus pour le plaisir, mais pour procréer, c'est devenu une source d'angoisse pour moi. Et juste ça.

Bien sûr ! Elle s'en était ouverte à moi à l'époque. Samia n'a aucun tabou, Donato non plus, du reste, puisqu'il s'était confié à Antoine de son côté. Est-ce que le mari de mon amie est au courant de nos problèmes ? Si ça me semblait évident qu'ils nous en parlent, maintenant que je suis concernée, c'est tout de suite plus difficile.

— Un dessert, mesdames ?

Nous rions telles des gamines, gênées par l'intrusion de l'employé du bistrot – si on peut appeler ainsi l'endroit où nous mangeons dans le centre commercial où je travaille. Décontenancé par notre attitude, il nous rapporte la carte et s'éclipse. Il nous faut bien cinq minutes pour calmer notre fou rire. J'essuie mes yeux où perlent des larmes.

— Putain ! Ça fait du bien !

— C'est clair, ma chérie. Au prochain resto, on ne parle que de choses gaies, d'accord ?

— On garde les angoisses pour la maison ?

Elle commence à se ronger un ongle, signe de concentration chez elle. J'attends en la dévisageant. Qu'est-ce qu'elle va bien pouvoir me sortir ?

— On va se trouver un endroit spécial anxiété où on se retrouve si ça ne va pas. Avec un texto crypté !

— Tu es complètement cinglée !

Je hurle de rire et comme pendant notre crise nerveuse, tous les regards convergent vers moi. Le pauvre serveur qui revenait vers nous fait un discret demi-tour. Samia le rappelle avec de grands gestes et nous commandons une mousse au chocolat à partager. J'en déguste plus de la moitié pendant que mon amie m'expose son idée que je finis par approuver, grisée par son enthousiasme.

32

Scuatteur

J'attends tranquillement que mon protégé rentre de l'école, couché sur le transat d'où je l'observais avant de faire partie de sa famille. Fatima et Denise taillent la haie de derrière depuis déjà deux bonnes heures. Elles ne se parlent toujours pas, toutefois, leur communication non verbale est foisonnante. Les choses progressent. Il est temps, car Fatima part demain. Je réfléchis à comment les aider à crever l'abcès quand mon attention se reporte sur Sandra, qui vient d'arriver. À peine retire-t-elle sa veste qu'elle disparaît dans le garage. Sans doute pour récupérer le goûter, désormais enfermé à clef. Elle a vite appris qu'il fallait éviter que Léo l'y surprenne, ça lui rappelle le manque de confiance de ses parents. Qu'ils aient raison est encore plus dur à supporter.

Lorsqu'elle revient et se retrouve dans la cuisine, je fais le tour de la maison. D'un bond – léger et gracieux, mais il n'est pas besoin de le préciser –, je me poste sur la fenêtre qu'elle actionne en me voyant.

— Tu veux rentrer ?

— Miaou.
— D'accord, je laisse ouvert si tu changes d'avis.

Si je n'étais pas aussi flegmatique, ma mâchoire se serait décrochée. Elle m'a compris et si ce n'est pas la première fois que ça m'interpelle, je ne l'avais jamais ressenti à ce point. De toute ma carrière, ça n'était jamais arrivé, ce lien puissant avec quelqu'un qui n'est pas sous ma protection. Sa barrière mentale a cédé au fil de ses confidences, d'abord à sa mère, puis à Samia et pour finir, à Fatima.

— Au fait, les mamies sont dans le jardin ? Personne n'a répondu quand je suis rentrée.
— Miaou.
— Tu peux les prévenir que je suis là ? S'il te plaît, ajoute-t-elle en me regardant avec un sourire.

Je ne suis pas sûr que Denise et Fatima sachent décrypter mes miaulements, peut-être Sandra veut-elle juste s'assurer que je la comprends. Elle est assez intelligente pour me tester habilement.

Je bondis et cours à l'arrière de la maison où je dois m'égosiller avant que Fatima ne saisisse que je les appelle. Denise est plus réservée envers moi et m'accorde moins de considération, elle pense ainsi canaliser l'espoir que met sa fille en moi. Sa crainte que je provoque une réaction allergique à Sandra est également toujours présente, même si depuis son arrivée, elle devrait avoir remarqué que c'est infondé. Malheureusement, les certitudes des gens sont tenaces.

Mes protégés à travers les siècles en savent quelque chose.

— Mais enfin, qu'est-ce que ça nous coûte d'aller voir ? Si gargouillette n'est pas là, on revient et puis c'est tout.

J'adore ce surnom affectueux. Je ne comprends pas pourquoi Denise ne l'utilise pas alors qu'il fait plaisir à sa fille. C'est sans doute lié à la complexité de leur relation. Avec Fatima, tout est simple. Elle m'avait déjà adoptée avant même de poser un pied dans la maison tellement elle avait entendu parler de moi. Elle est aussi expansive que son ancienne amie est réservée. Le soleil et la lune.

Nous cheminons tous les deux vers la cuisine et tandis qu'elle pousse la porte, je me remets à mon poste d'observation.

— Tu préfères rester là, Squatt ? me demande Sandra.
— Ma chérie ! On ne t'a pas entendue rentrer.

Fatima la prend dans ses bras en l'embrassant.

— J'ai vu ça. Vous n'êtes pas obligées de vous occuper de la haie, vous savez.
— Ça alors ! Comment as-tu deviné ce qu'on faisait ?
— Mon petit doigt me l'a dit.

Le clin d'œil qu'elle m'adresse fait pivoter la tête de Fatima qui éclate de rire.

— Petit espion !

Elle ne croit pas si bien dire, ces derniers temps ont été épuisants. Surveillance constante de Léo et du collège depuis qu'il est revenu blessé. Selon lui, à cause d'une mauvaise chute. Le mensonge puait tellement qu'il me piquait la langue. La honte était le deuxième sentiment qui émanait. Ça, ajouté à la soi-disant perte de son téléphone, sa façon de raser les murs et les loubards qui l'ont menacé devant moi les premiers jours, il n'en fallait pas plus pour que je comprenne que ses problèmes dépassaient le cadre de la maladie et de l'adolescent qui se cherche dans un contexte difficile.

Il n'y a qu'aujourd'hui que j'ai pris mon après-midi pour le consacrer à Denise et Fatima. Mon protégé a besoin d'un environnement paisible autour de lui et il aime ces deux femmes autant l'une que l'autre. Les voir ainsi le rend malheureux, malgré son plaisir évident de leur présence.

— Maman n'est pas avec toi ?

— Elle ne me croyait pas quand je lui disais que Squatt nous demandait de venir, se désole Fatima.

— Ça ne m'étonne pas, rit Sandra tandis que Fatima met en route la radio. Je vais l'appeler.

Elle se dirige vers le salon, ouvre la porte-fenêtre et fait de grands signes à sa mère qui la rejoint.

— Tu as besoin d'aide pour préparer le goûter ? l'interpelle Fatima.

— C'est céréales avec une pomme, ça devrait aller, lui répond Sandra en revenant dans la cuisine.

— Super, on peut danser !

Sans lui laisser le temps de réagir, Fatima attrape sa fille de cœur et se lance dans un rock endiablé avec elle. Leurs éclats de rire amènent même un sourire sur le visage de Denise tandis qu'elle se lave les mains.

La porte s'ouvre sur Léo qui déboule dans la pièce après s'être débarrassé de son cartable.

— Allez, chaton, on danse.

Sandra soulève son petit prince et le fait tourner dans ses bras. D'abord grognon, il se déride vite et l'ambiance est à la fête.

Je savoure ces quelques minutes de plaisir.

33

Denise

Je suis en train de coudre tandis que Fatima bouquine à côté de moi. Je pense à son retour chez elle, ce soir après le repas. Mes sentiments sont confus. Elle a indéniablement apporté de la joie et j'ai conscience que son départ va laisser un vide. Surtout pour chaton, qui consent même à coopérer sans trop ronchonner avec elle. Avec sa mère, c'est toujours l'horreur ; avec moi, il râle et finit par obéir. Mais avec sa nanna, c'est presque magique. Il faut dire qu'elle a un petit quelque chose qui met de bonne humeur et qui fait tout accepter, il est quasiment impossible de lui résister. Alors cette semaine, grâce à Squatt et Fatima, j'ai vu ma fille de nouveau illuminer. De bonheur, d'espoir, d'amour. Une sourde angoisse m'étreint. Sans la présence de mon ex-complice, j'ai peur que l'ambiance de la maison s'alourdisse, se ternisse à nouveau.

La sonnette me tire de mes réflexions et nous nous regardons, surprises. Il est à peine 9 h 30, trop tôt pour le facteur qui passe plutôt vers midi et Sandra ne nous a pas averties qu'un colis risquait d'arriver.

— On va voir ? me demande Fatima.

Je hoche la tête et nous nous levons de concert. J'ouvre la porte et sens l'épaule de mon ancienne amie contre la mienne. Mon cœur s'accélère, comme le soir dans le lit quand elle me frôle par inadvertance.

Un gendarme se tient devant nous et je chancelle. Sandra, les enfants. Mon Dieu !

En soutien, Fatima m'empoigne par le bras.

— Bonjour, je suis bien chez les parents de Léo ?
— Oui, il y a un problème ? demande-t-elle tandis que mon souffle est coupé.
— Non, tout va bien, rassurez-vous. Je suis navré, je n'aurais pas dû me présenter en uniforme.

Je l'observe. La carrure est celle qu'Alex aura dans quelques années, ses cheveux bruns sont presque rasés. Réglementairement ? Il est tout jeune et semble vraiment confus de nous avoir fait peur. Je sens le sang circuler à nouveau dans mon corps tandis que Fatima l'invite à entrer. Nous nous installons à la cuisine. Pendant que mon ancienne complice nous fait couler un café, j'attends de connaître les raisons de cette visite déroutante.

— Je ne sais pas trop par où commencer...
— Par vous présenter peut-être ?

Je me mords la langue, mon ton était un poil trop... agressif ?

— Oui, excusez-moi, mesdames. Je m'appelle Artus et je suis le grand frère d'Aélys. Léo est venu chez moi cette semaine pour préparer un exposé avec ma sœur.

— Il l'a mentionné, en effet.

— Et vous êtes ?

— Ses grands-mères. Denise et Fatima.

— Enchanté.

— Ses parents sont au travail, il faudrait repasser dans la soirée, proposé-je.

— Si ça ne vous dérange pas, j'aimerais autant vous parler, je préfère le faire hors de la présence de Léo.

— Il a des problèmes ?

— Je suis venu pour vous demander un service pour ma sœur. Néanmoins, puisque vous m'interrogez, pour être honnête, je me pose la question.

Je réprime un hurlement et mets ma main devant ma bouche. Fatima, qui – sans être loin – m'avait laissé un brin d'espace, accourt.

— Qu'est-ce qui vous fait penser ça ?

— Juste une impression. Il y a des petites racailles dans son collège qui ne me disent rien qui vaille. Et Léo semble fragile, une victime parfaite. Cependant, ni lui ni Aélys ne m'ont rapporté quoi que ce soit qui aille dans ce sens, si ça peut vous rassurer.

— Parce que vous croyez vraiment qu'ils se confieraient sur ce genre de choses ?

Ma question amène une grimace sur son visage et il

n'ose pas répondre. Bien sûr que non, ils ne nous diraient rien. La plupart des enfants ont trop peur, trop honte, pour en parler avec un adulte. Et même quand ils le font, ça ne change pas grand-chose. Que peut-on entreprendre contre d'autres gamins ?

— Je peux jeter un œil de temps en temps si ça peut vous rassurer.

D'un même mouvement, nous acceptons avec joie sa proposition. Il émane quelque chose de ce jeune homme. Une force, une stabilité dont chaton pourrait avoir besoin. Ne négligeons aucune carte dans ce drôle de jeu qu'est la vie.

— Vous vouliez nous parler de votre petite sœur ?
— Oui, je souhaiterais savoir si elle pouvait venir ici le mercredi après-midi pour faire ses devoirs.

Nous sentons qu'il cherche ses mots et n'osons pas l'interrompre. Il nous regarde l'une après l'autre, soupire et passe une main devant ses yeux. Fatima attrape celle restée sur la table avec la spontanéité et l'empathie qui la caractérise.

— Dites-nous tout, mon petit.
— Ma mère est... malade et il est difficile pour Aélys d'étudier dans ces conditions. Elle lui mène la vie dure. Jusqu'à présent, j'ai toujours réussi à jongler avec mon planning pour l'accueillir chez moi, mais ça devient compliqué avec le retour de congé maternité d'une collègue qui est prioritaire. Je pourrais lui confier les clefs

de mon appartement, toutefois, ma sœur n'a jamais eu d'amis. Jamais.

Il me fixe tandis qu'il insiste sur ce dernier mot. Je crois que je comprends ce qu'il essaie de nous dire.

— Vous préféreriez qu'elle passe du temps avec un autre enfant ?

— Oui et j'ai eu un bon ressenti en les voyant travailler tous les deux. Léo me semble un petit garçon posé et Aélys parle peu. Je pense qu'ils peuvent en tirer un bénéfice réciproque. Et moi, je serais rassuré.

Est-ce qu'il faut le prévenir que Léo est un faux calme ? Que derrière sa timidité se cache une montagne de colère contre l'injustice de sa maladie ? Ou vaut-il mieux accepter que cette enfant entre dans nos vies et puisse, avec un peu de chance, combler une partie du vide laissé par le départ de Walid ?

— Nous allons en parler en famille, cependant, votre idée me semble excellente. Léo est esseulé depuis que son meilleur ami a déménagé et nous rencontrons parfois des difficultés à lui faire faire ses devoirs. Peut-être qu'avec une camarade...

Soulagée que Fatima ait géré la situation, je me détends et me range à sa décision, d'autant que je la trouve très sensée. Avec quelques nuances, nous avons toujours eu la même approche éducative, ce qui a permis de transformer notre cohabitation en réussite à l'époque. J'avais entièrement confiance en elle pour ne pas bousiller tout ce que j'inculquais à ma fille. La réciproque était vraie, j'avais carte blanche avec Samia.

Avant de repartir dans des souvenirs que je ne veux pas affronter pour l'instant, je me secoue et raccompagne ce charmant jeune homme à la porte. Artus nous laisse le choix de mentionner – ou non – les problèmes de sa mère à Léo. J'espère que notre petit chat sauvage acceptera cette proposition. Si ses parents sont d'accord, évidemment. Je suis toutefois persuadée que Sandra trouvera l'idée excellente. Et je ne vois pas Antoine oser s'opposer à nous trois, quel que soit son avis, s'il en a un.

Nous décidons d'en parler à Sandra rapidement, et lui envoyons un message pour lui indiquer que nous la retrouverons au centre commercial pour déjeuner. Nous devrons attendre sa pause pour qu'elle nous réponde combien cela la ravissait.

34

ALEXANDRE

— Je vais faire un tour en ville avec Aroon.

— Tu ne manges pas avec nous avant ? me demande maman, en sortant du four un plat de lasagnes qui me met l'eau à la bouche.

Une microseconde, j'ai envie de retirer ma veste et de m'installer à table avec eux. La copine de Léo est là, l'ambiance sera sûrement meilleure même si elle ne décroche quasiment pas un mot. C'est la deuxième fois qu'elle vient à la maison le mercredi après-midi et ma mère la traite comme une petite reine. Tellement heureuse de voir quelqu'un qui apprécie enfin son fils chéri.

Ça y est, l'envie est passée. De toute façon, j'ai rendez-vous avec mes potes et je suis déjà à la bourre.

— Peux pas, je vais rater le bus.

— Il faut bien que tu te nourrisses, ce n'est pas bon de sauter un repas.

Maman et sa prévenance qui m'étouffe. On rejoue la même scène tellement souvent que je lève les yeux au ciel en tendant la main. Elle me glisse un billet de dix euros pour que je ne reste pas le ventre vide. Si elle savait comment je dépense son fric... Je l'entends à peine me dire qu'elle compte sur ma présence au dîner, que je claque la porte, soulagé de quitter cette baraque que je déteste de plus en plus.

Je passe devant le terrain de basket et fais semblant de ne pas voir mes amis du collège. Aroon me lance un regard hésitant. Il m'en veut. Ils m'en veulent tous, je le sens bien aux récréations ou quand je les rejoins à la sortie. Je me tâte même à prendre le bus avec mon frère maintenant, ça sera peut-être plus simple. Par contre, impossible pour moi de rester seul entre les cours. Mon unique autre alternative serait de traîner avec la bande de Michaël, mais je ne suis pas encore tombé aussi bas.

Une bouffée de colère m'envahit, ils ne peuvent pas comprendre.

35

Antoine

Ce soir, quand je suis parti du bureau, Fred était au téléphone sur sa ligne professionnelle et m'a fait comprendre que ça serait long. Je franchis le portillon et remonte mon allée en espérant que tout le monde soit couché. Je n'ai pas envie de subir les réflexions de Denise concernant la durée de mes journées de travail. Maintenant qu'elle est à domicile, je ne fais plus l'effort de rentrer tôt de temps en temps. À quoi bon ? Elle est là et se débrouille bien mieux que moi.

Je déverrouille la porte et la pénombre m'accueille, un soupir de soulagement franchit mes lèvres. Je me glisse dans la cuisine, j'ai une faim de loup. Pendant que mon repas réchauffe au micro-ondes et que l'odeur mêlée des aubergines et de la viande envahit la pièce, j'en profite pour envoyer un texto à Fred.

Alors ? Tu t'en es sortie ?

À peine quelques secondes plus tard, la réponse arrive. Elle tape plus vite que son ombre.

Ouais, c'était galère. La boîte aimerait que je change de site.

Quoi ???

Visiblement, il y a une pénurie de personnel vers Le Mirail.

Tu m'étonnes, avec tout ce qui se passe là-bas, personne ne veut y bosser ! Et ils t'en parlent à 22 h 30 ?

Il n'y a pas que toi qui fais des heures sup', mon petit gars.

Le micro-ondes me rappelle que mon plat est chaud et j'attrape mon assiette en me brûlant les doigts. Je peste en les secouant, j'oublie toujours de mettre des gants. Notre ancienne vaisselle ne conduisait pas la chaleur à ce point. Dès que Léo aura tout cassé, je demanderai à Sandra de veiller à choisir une meilleure qualité. Du reste, est-ce qu'il continue d'en briser autant depuis que Denise et Squatt sont à la maison ? Je n'ai pas l'impression que ça diminue tant que ça.

Je mange en pensant à l'éventuel départ de mon amie. Mon ventre est tellement noué que je me force à finir mon assiette, c'est pourtant délicieux.

Je passe à la salle de bains pour me laver les dents et me changer tout en poursuivant ma conversation. C'est étrange, nous n'avons jamais autant discuté ainsi. Nos textos se limitent en général à un ou deux messages pour se retrouver, si Fred ne me voit pas descendre.

Tu ne peux pas aller au Mirail !

Ah oui ? Et pourquoi ?

C'est trop dangereux, ça craint là-bas.

C'est là que j'habite, je sais gérer.

Et...

Est-ce que je dois continuer ce message ?

Je rentre dans ma chambre, regarde ma femme endormie éclairée par la lumière du couloir. Sa respiration est calme et paisible. J'en conclus qu'encore une fois, Squatt s'est chargé du traitement de Léo. J'ai été ébahi le week-end dernier en découvrant notre chat miauler devant l'armoire de la salle de bains jusqu'à ce que mon fils se décide à prendre ses médicaments. Denise m'a informé qu'il agissait ainsi au moins depuis qu'elle était là et qu'il n'arrêtait que quand l'injection était faite.

Plusieurs fois par jour, il peut rester le temps qu'il faudra à appeler. Jusqu'à une heure, m'a-t-elle dit. Même quand Léo est en colère, il ne change rien à son comportement. Je n'ai jamais eu cette patience ; heureusement, à l'époque où je participais, il était docile, habitué à sa routine qu'il ne remettait pas en question.

Je regarde mon téléphone, troublé. À quoi est-ce que je joue ?

Et ?

Et rien. Bonne nuit Fred.

Merci, toi aussi. On se voit demain.

Mes doigts commencent à pianoter une réponse pour lui dire que je serai parti quand elle arrivera, mais je laisse tomber. Elle s'en rendra bien compte. De toute façon, par une ou deux allusions glissées çà et là, elle m'a déjà fait remarquer mes absences tous les mardis en fin d'après-midi. Je n'ai pas mordu à l'hameçon. Même à elle, je ne veux pas en parler. Trop honte, trop peur d'être jugé.

36
Aélys

— Maman ? Je vais chez Léo pour travailler un peu.

— Tu n'as pas école ?

Elle essaie de se relever, mais ses bras lâchent et elle s'écroule sur le canapé. Je viens de la réveiller pour la prévenir de mon départ même si je sais que dans quelques heures, à mon retour, elle aura oublié.

— Pas aujourd'hui.

Je ne perds plus mon temps à lui expliquer le concept des vacances, elle ne s'en souvient jamais. J'espère pouvoir séjourner quelques jours chez mon frère ces deux prochaines semaines. Nous sommes mardi et le collège me manque déjà. Surtout que c'est bien plus cool depuis que Léo et moi passons nos récréations ensemble. On pourrait penser que vu que nous ne parlons quasiment pas, ça ne change pas grand-chose. Que je lise seule ou à côté de quelqu'un fait-il une différence ? À ma grande surprise, c'est le cas, même si je ne suis pas capable de l'expliquer.

Alors que je m'apprête à partir, je me tourne vers ma mère qui essaie de recouvrir ses jambes maigres avec un plaid râpé. Je ne peux pas la laisser ainsi. Je m'approche, m'en saisis et la borde comme une enfant.

— Tu peux me rapporter ma bouteille, ma chérie ?

Ma chérie. Plutôt ma bouteille chérie, oui.

Je réprime un sanglot et part en courant. La porte claque tandis qu'elle hurle en comprenant qu'elle va devoir bouger son cul.

J'ai peur, je sais que Walid est là. Quelle va être ma place entre Léo et son meilleur ami ?

Je ne me suis pas encore décidée à sonner que Sandra ouvre la porte en souriant.

— Coucou, ma puce, on t'a dénoncée, m'annonce-t-elle avec un clin d'œil en m'embrassant.

Je fais toujours durer l'étreinte avec laquelle Sandra m'accueille. Même si ce n'est pas la mienne, ça reste un câlin de maman. C'est doux, chaud et rassurant. J'aime sentir son cœur battre contre le mien, son parfum, ses cheveux qui me chatouillent le nez. Par-dessus son épaule, je regarde Squatt et lui tire la langue. Il miaule en réponse et je pouffe. Il faut absolument que je le présente à Einstein, ils se ressemblent tellement.

Denise est dans la cuisine, emmitouflée dans une robe de chambre. Je suis surprise de la découvrir dans cet accoutrement, elle qui est toujours tirée à quatre épingles, avant de me rappeler qu'il est encore tôt. Je m'approche pour lui faire la bise et elle me propose du bacon. J'accepte avec plaisir, l'odeur est alléchante et ainsi, je recule ma rencontre avec ce mystérieux ami.

— Heureuse d'être en vacances ? m'interroge Sandra.

Je hausse les épaules. Qu'est-ce que je peux répondre ?

— Tu crois que ta maman serait d'accord pour que tu me donnes un coup de main pendant quelques jours à Narbonne ? intervient soudain Denise.

— Quoi ? demandé-je en lâchant ma fourchette tellement je suis surprise.

— Je suis bénévole dans une association qui permet aux enfants défavorisés de partir s'aérer quelques jours. Ils sont hébergés dans un centre et j'aide à organiser des activités, à faire les repas, le ménage ainsi que plein d'autres choses imprévues. La directrice m'a donné son accord pour que, cette année, je vienne accompagnée de mes petits-enfants. Le groupe que nous recevons a entre six et dix ans. Ils sont pleins d'énergie, malgré tout, ils sont parfois un tantinet anxieux d'être loin de leur famille, et des adolescents peuvent les rassurer.

— Mais, je ne suis pas votre petite-fille !

— Ça, elle ne peut pas le deviner. Je n'ai pas précisé le nombre et je n'ai pas pour habitude de raconter ma vie.

Dans les livres, on parle souvent de « papillons dans le ventre », je me suis toujours demandé ce que ça faisait. Je sais. C'est merveilleux.

— Oh, il ne faut pas pleurer, ma puce.

Sandra, qui nous écoutait avec attention, s'est levée de sa chaise et m'a prise dans ses bras. Je voudrais lui dire que c'est parce que je suis heureuse. Qu'on ne m'a jamais proposé quelque chose comme ça. Ils me connaissent à peine, ce qui ne les empêche pas de m'ouvrir grand leur porte et leurs cœurs. Et ça me touche, beaucoup. Les mots se mélangent dans ma tête et refusent de sortir. Au sourire de Sandra, je constate que le mien l'a rassurée.

— Si ta famille est d'accord, nous partirons dimanche tous les cinq. Le retour se fera le samedi suivant. Je ne te cache pas qu'on sera un chouia serrés chez maman, il n'y a que deux chambres, mais on va se débrouiller.

Je pense à ma mère. Est-ce qu'elle pourrait s'y opposer ? D'habitude, même quand je vais chez Artus, je rentre au moins un jour sur deux pour m'occuper des tâches ménagères et lui rappeler de manger. Est-ce qu'elle s'en sortira une semaine sans moi ?

— Il faut que je téléphone à mon frère, dis-je en croisant mes doigts sous la table.

Alors que je me lève pour passer le coup de fil à Artus, Léo et un garçon d'une tête de plus que lui débarquent dans la cuisine. Il n'est pas beau à proprement parler, cependant, il dégage quelque chose qui, instantanément, me donne envie d'aller vers lui, de sourire.

— Salut, dis-je timidement.

— Salut, Aélys. Je te dirais bien que Léo m'a longuement parlé de toi, mais si tu le connais, tu sais que ça serait un mensonge.

— Pareil pour toi.

Il éclate de rire et tout le monde l'imite.

— N'empêche que t'as eu le droit à deux phrases, hoquette-t-il.

— Quel honneur !

— Vous avez bientôt fini de vous foutre de moi ? rit Léo.

— On vient juste de commencer, pas vrai, Aélys ?

Le clin d'œil de Walid me fait battre le cœur plus fort. Comment ça se fait que l'entourage de Léo soit si... différent ? Prêt à m'accepter sans même me connaître, moi qui suis tellement en retrait tout le temps qu'on me remarque à peine.

— J'ai envie de crêpes, lance Sandra.

— Voyons, ma chérie, on vient de finir de petit-déjeuner ! s'exclame Denise.

— Moi je dis qu'il ne faut jamais contrarier une maman.

L'ami de Léo a trouvé la phrase qu'il fallait, au bon moment. Tandis que je me demande encore quoi répondre. Mon sens de la repartie a toujours été aux abonnés absents, ou alors, intervient des heures plus tard. Quand ce n'est pas des jours après que la réplique – que de toute façon, je n'aurais jamais osé prononcer – me vient.

J'observe Léo, il semble plus détendu. Son attitude m'invite à l'imiter et me laisser aller. Je me sens bien, je me relâche, une douce chaleur se répand dans mon corps. Mes joues rosissent, mais pas de honte ou de timidité. De bien-être. Je n'avais jamais ressenti ça avant. C'est décidément une journée pleine de bonnes surprises pour moi. Je reste silencieuse, j'apprécie l'ambiance et ris de bon cœur avec eux. Léo m'avait prévenue que tout le monde aimait Walid, je ne peux que confirmer : impossible de le détester, il est tellement solaire.

— Avant le réconfort, la petite piquouse, s'amuse Walid en chatouillant de son index Léo qui gigote en souriant.

Je suis ébahie de le voir parler aussi librement de son test d'indice glycémique et de sa prise d'insuline. Je n'oserais jamais.

— Et si tu appelais Samia ? propose Denise à sa fille.

— Excellente idée !

Sandra s'éclipse tandis que Léo s'arrête devant l'escalier et demande à sa grand-mère si Alexandre est là. Mon rire meurt dans ma gorge. J'espère qu'il ne va pas descendre, l'atmosphère est électrique dès que les frères sont réunis. Et il est sans arrêt en train de chercher Léo avec des petites réflexions ou des regards moqueurs. Je crois qu'il ne m'aime pas, en plus. Je suis toujours très mal à l'aise avec lui.

— Eh ! Tu viens, Aélys ? m'interpelle Walid, m'empêchant d'entendre la réponse. J'aurais peut-être besoin d'aide si Môssieur se débat vu qu'il a l'air de rechigner en ce moment.

Je cours.

37

Sandra

— Tu veux que je prenne le volant ?

— Ça ira, maman, merci.

Elle ferme ses paupières et se tourne légèrement vers sa portière. Je me concentre sur le bitume qui défile, le flot incessant des voitures, le ballet bien orchestré des dépassements de camions. J'aime bien conduire, ça me détend. Et il y a à peine deux heures de route. Je fais traîner pour profiter encore des vacances. Je jette un coup d'œil dans le rétro et constate que les enfants dorment. J'ai hâte de retrouver Alexandre, qui a choisi de rester au calme à la maison. Je comprends qu'à son âge, il préfère passer du temps avec ses copains plutôt qu'avec ceux de son petit frère. Ce qui m'a bien soulagée. D'une part parce que quand j'ai compté combien nous étions, j'avais oublié que nous ramenions Walid et je ne me sentais pas capable de dire à la puce que finalement, nous ne la prenions pas. Pas après avoir vu ses yeux s'illuminer. D'autre part, je me doutais que séparer les garçons ne pourrait leur faire que du bien. Il n'était toutefois pas envisageable que je prive l'un ou l'autre de vacances, que je fasse un choix.

Une seconde, je m'interroge sur ce que mon poussin a bien pu manger avec son père qui rentre si tard puis je chasse ces pensées. Quelle importance ? Ce qui est fait est fait et il faut que j'arrive à lâcher du lest. Assez bizarrement, c'est maman qui m'apprend à faire ça. Elle, la maniaque du contrôle.

Au final, cette petite semaine aura fait du bien à mon bonhomme, même si son chat lui a manqué. À moi aussi. Je me suis habituée à sa présence réconfortante. Et son aide pour les traitements. Sans lui, ça a été plus compliqué. Heureusement, Léo n'a pas osé faire de colère devant son amie. Il a fallu cependant insister, beaucoup. J'ai profité du temps clément pour me balader sur la plage quasiment déserte dès que c'était fait. Ma soupape de décompression.

Un jour de plus.

J'avais lu ça dans un magazine, ne pas se projeter plus loin quand c'est trop difficile. Chaque soir, je suis soulagée qu'il ait pris son traitement une journée de plus. Sa vie en dépend, la mienne aussi, de fait.

Mon regard se fixe une seconde sur Aélys avant de revenir sur la route. J'ai eu très peur un moment que sa famille n'accepte pas ces vacances imprévues avec des inconnus. Heureusement qu'Artus avait déjà rencontré maman, ça a facilité les choses. Il a très vite été partant pour laisser sa sœur nous accompagner. J'ai l'impression cependant que la mère a été plus difficile à convaincre. L'histoire d'Aélys me semble compliquée également. Peut-être est-ce pour ça qu'ils s'entendent si bien, avec Léo ?

Elle me fait penser à une petite souris, toujours discrète, elle ne fait pas de bruit. Tellement mignonne. Et une sacrée bosseuse, elle s'est non seulement occupée de la paperasse au centre, mais aussi de la cuisine et de presque toutes les tâches annexes. Tout ce qui n'impliquait pas le contact avec les autres.

Entre maman qui est réservée et ces deux-là, le silence était souvent présent à l'appartement. Qui avec ses aiguilles, qui avec ses livres, qui avec son téléphone, nous passions des soirées calmes et reposantes. Sauf quand nous allions rejoindre Walid et ses parents. Là, c'était discussions à bâtons rompus et rires en pagaille.

Je me rends compte qu'ils me manquent à moi aussi. Si nous n'avions jamais été les uns chez les autres ainsi avant, nous nous croisions régulièrement et papotions toujours quelques instants. Quand je vois la prévenance de Youssef envers son épouse, je ne peux que m'interroger sur Antoine, qui est continuellement absent depuis que j'ai cruellement besoin de lui. Il ne m'a pas appelée de tout notre séjour, même pas pour prendre des nouvelles de notre fils.

Tous les soirs, à la maison, je garde les yeux fermés à son entrée dans la chambre. Plus assez de force pour affronter son indifférence. Je l'entends souvent envoyer des textos dernièrement. Seulement lorsque je suis endormie. Et cette odeur de tabac froid sur ses vêtements... Une autre femme ? Je n'ai pas la force de lui en parler maintenant. Si jamais... Il faudra prendre une décision et ce n'est pas le moment pour chaton. Pas quand ça commence à s'arranger pour lui.

Il y a d'abord Squatteur qui a débarqué dans nos vies et qui est l'unique « personne » à pouvoir s'approcher quand il est en colère. Cet animal est tellement sensible qu'il se poste devant l'armoire à pharmacie, appelle Léo jusqu'à ce qu'il vienne et reste avec lui le temps de la piqûre.

Puis Aélys s'est frayé une place dans notre famille, tout en douceur. Elle lui permet d'être moins isolé au collège et c'est un plaisir de l'avoir à la maison. J'ai rencontré son grand frère la semaine dernière, il a partagé un repas avec nous avant notre départ. Un garçon charmant, mais qui semble avoir un poids trop important sur ses épaules. Sa mère est malade et il s'occupe beaucoup de sa sœur au lieu de profiter de sa jeunesse.

— Je me suis assoupie longtemps ? me demande maman en se frottant les yeux.

— À peine une petite heure.

— Quand même !

— Tu aurais pu somnoler une demi-heure de plus.

— Et je n'aurais pas dormi de la nuit.

Je souris, c'est vrai qu'elle est réglée comme du papier à musique et dès qu'il y a un changement dans son rythme, elle a des insomnies. La pauvre a dû se faire à la cadence particulière de la maison, avec des couchers plus ou moins tardifs selon la coopération de Léo.

— Tu es magnifique avec cette coupe, ma chérie.

Son tendre regard posé sur moi, je me sens rosir, comme quand j'étais petite. Moi aussi, j'aime beaucoup ce que la coiffeuse a fait de mes cheveux. Elle n'a enlevé qu'un peu de longueur, pourtant, avec un dégradé et des mèches plus claires qui renvoient la lumière, je suis métamorphosée. J'espère que ça va plaire à Antoine.

38
Scuatteur

Ma famille est de nouveau réunie depuis deux semaines et je suis inquiet. Si, à leur retour, la bonne humeur était présente et les discussions animées, l'ambiance est rapidement devenue pesante. Le mutisme des deux hommes demeurés à la maison a peu à peu mouché l'enthousiasme des vacanciers. Enfin, *restés*, c'est vite dit, car Antoine ne rentrait pas plus tôt que d'habitude et Alexandre n'a passé qu'une nuit sur place. Soi-disant qu'il était chez Aroon le reste du temps... L'odeur du mensonge était forte.

Les rares fois où il daignait être présent, il ne faisait que pioncer, il fallait que j'insiste pour qu'il me remette à manger en râlant. En l'absence de mon protégé, j'ai pu me consacrer à lui et son sommeil est empli de cauchemars. J'ai tenté d'envoyer des images apaisantes, mais il était trop loin dans ses songes et notre lien est trop faible pour pouvoir le soulager. J'ai également essayé de le suivre, d'enfin savoir ce qu'il fait et où il va quand il fait croire qu'il est avec Aroon. Malheureusement, il monte dans un bus en direction de Toulouse et même si je suis athlétique, je ne peux pas rivaliser avec un engin motorisé.

Je suis avec lui pendant qu'il fait semblant de travailler dans sa chambre. Sandra vient de sortir pour le laisser réviser et il s'est tout de suite jeté sur son téléphone, sans même un regard pour ses cours.

J'entends des cris au rez-de-chaussée. Immédiatement, je saute sur mes pattes, me précipite devant la porte et miaule pour qu'il m'ouvre.

— Tu veux pas rester avec moi ?
— Miaou.
— Toi aussi, tu préfères Léo ? Allez, barre-toi !

Un choc sourd me fait sursauter pendant que je descends au salon à toute allure. J'aimerais le réconforter, mais il faut que j'en sache plus sur la dispute qui oppose ses parents.

J'arrive trop tard, Sandra monte l'escalier en essuyant une larme, le visage fermé. Antoine déverrouille le garage, je me faufile à sa suite.

Pendant qu'il retire son pull et enfile ses gants de boxe, je fais un tour dans cette pièce que je n'ai encore jamais eu l'occasion de visiter. Il y a un petit établi avec quelques outils de bricolage. Derrière moi, des pots de peinture sont alignés contre le mur. Je reconnais la blancheur des volets de la maison. Dans un coin, deux vélos prennent la poussière. Les frères en faisaient-ils ensemble avant ? Je poserai la question à Sandra, notre lien s'affermit et contre toute attente, j'ai l'impression que c'est celle qui est le plus à mon écoute ici.

Je repère une pile de couvertures et de vieux draps sur une étagère et m'y installe confortablement pour observer le père de mon protégé. Il a déjà commencé à taper comme un fou. Sa mâchoire est crispée, ses yeux fixent le sac. Je sens sa concentration. Et sa colère.

— Putain ! Merde ! Connard !

Il rythme ses coups de grossièretés. Un coup, un mot. Plus les minutes passent, plus les frappes désordonnées du début deviennent régulières. Son visage est rouge, il doit parfois faire une pause de quelques secondes, le temps de s'éponger, de boire quelques gorgées d'eau. Puis il recommence. Inlassablement. Son T-shirt est auréolé sur le devant, le dos et sous les aisselles. J'entends sa respiration évoluer, elle est de plus en plus profonde, difficile. Il n'arrête pas, alors qu'il est exténué.

Enfin, les coups meurent, les jambes cèdent et Antoine se retrouve genoux à terre devant son sac, les coudes sur ses cuisses et la tête prise dans ses énormes gants. Son corps se soulève par saccades.

Sa détresse, visible pour la première fois, me touche. Je m'approche de lui.

— Qu'est-ce que tu fous là, toi ?

Il a sursauté en me sentant me frotter à lui et s'est relevé brutalement. Tout son visage est rouge, il est épuisé, en colère et s'emporte contre moi tout en refusant de m'ouvrir la porte. Je décide de retourner sur les couvertures, lui tourne le dos et me couche en réfléchissant à ce qui vient de se passer.

39
Aélys

J'accompagne Léo au bureau des surveillants pour son insuline. Depuis que Walid m'a conviée à participer à ce moment de la vie de Léo, j'essaie d'être au maximum là pour lui, même si je détourne les yeux pour préserver son intimé. Au début, il était mal à l'aise, néanmoins, il n'osait rien me dire. Son ami m'avait demandé d'être présente, c'est tout ce qui comptait. J'ai ainsi découvert que les piqûres peuvent faire mal. Il faut changer les lieux d'injection pour éviter des complications, mais très peu de zones sont permises et certaines sont plus sensibles que d'autres. Walid m'a tout expliqué pendant les vacances, il était très heureux que Léo ne se soit pas complètement replié sur lui et qu'il accepte de parler à quelqu'un. Il m'a confié sa douleur d'être éloigné de celui qui a la place d'un frère dans son cœur, lui, l'enfant unique ; son inquiétude quand il a compris que la rébellion de Léo passait par son traitement ; son impuissance en étant à deux heures de route.

J'essaie d'être digne de son estime et de l'amitié de Léo, même si j'ai l'impression de ne pas être à la hauteur. Walid arrive à le faire rire tandis que moi, je ne suis pas drôle. Cependant, nos silences sont agréables, réconfortants et j'espère que Léo le ressent comme moi.

— Aélys ? m'interpelle la CPE à notre sortie du bureau mitoyen au sien.

— Oui ?

Je suis inquiète, même si je sais qu'elle est très gentille, j'ai toujours peur d'avoir fait quelque chose de mal. Est-ce que quelqu'un s'est plaint de moi ?

— Tu n'as pas rendu l'autorisation pour l'excursion au zoo. Il me la faut demain sans faute. Tu es toute pâle, tu es malade ?

Je me fige. Je ne me sens pas bien depuis le milieu de matinée, il est toutefois hors de question qu'on appelle ma mère. Je préfère encore serrer les dents, j'ai l'habitude. D'autant que là, elle va sans doute lui mentionner cette fichue autorisation. Impossible de dire que ma génitrice l'a déchiquetée en morceaux pour me blesser. C'est raté, car je ne tiens pas spécialement à rendre visite à des animaux captifs. Je n'arrive pas à voir autre chose que les barreaux, le poil terne, le manque d'éclat dans les prunelles.

Forcément, mes yeux s'embuent et je dois me cacher pour ne pas donner des armes à mes « camarades » de sortie. J'aimerais avoir une personnalité qui prend les choses du bon côté, qui ne creuse pas plus loin, qui sait profiter de l'instant présent.

La CPE me dévisage d'un air soucieux, je me rends compte que j'ai omis de lui répondre.

— Non, ça va.

Je chancelle, l'immobilité ne me réussit pas. J'ai des frissons que je refrène autant que possible. Léo me lance un regard inquiet, mais ne dit rien. Pas devant l'adulte en tout cas. Je vois la main de Mme Dubuis se rapprocher, je ne peux pas l'empêcher de se poser sur mon front. Ses yeux s'écarquillent.

— Bon sang, tu es brûlante ! Suis-moi.

Je sens les larmes monter, j'essaie de me retenir et n'ose rien dire. Mon ami me fait un pauvre sourire, un léger signe et s'éloigne, tête baissée selon son habitude. J'ai l'impression de l'abandonner, seul au milieu de la meute de loups. Je m'en veux.

Pendant que je m'assieds sur son invitation, la CPE s'installe à son bureau et bouge sa souris pour allumer son écran d'ordinateur. Encore une fois, je suis surprise de la voir taper mon nom de mémoire. Imperceptiblement, elle fronce les sourcils et soupire. Qu'est-ce qu'elle a lu dans ma fiche élève ? Est-ce pour ça qu'elle me « connaissait » déjà lorsque je suis arrivée en retard ?

— Tu préfères que j'appelle ton frère ?

Je crois savoir ce qu'il y a dans mon dossier et j'en éprouve une honte fugace. Presque immédiatement, le soulagement m'envahit. Suivi d'une sourde angoisse.

— Il doit être à son travail.
— Ça ne coûte rien d'essayer.

Je ne veux pas causer d'ennuis à Artus, mais je croise les doigts pendant leur conversation. Souriante, elle raccroche et m'annonce qu'il sera là dans moins d'une heure.

— Je vais t'accompagner à l'infirmerie où tu seras mieux installée.
— Merci, madame.

Je suis couverte de sueur quand nous arrivons alors que je tenais si bien le coup jusqu'ici. À croire que parce que j'ai admis que j'étais malade, les symptômes se manifestent avec plus d'entrain. Mme Dubuis me quitte avec un sourire triste qui me confirme qu'elle connaît mon histoire familiale et retourne à son bureau tandis que l'infirmière me donne un cachet pour la fièvre et m'allonge sur un petit lit. Je n'étais jamais venue ici et immédiatement, je m'y sens bien, coupée de l'hostilité du collège.

— Ça va mieux, ma puce ?

Artus s'assied sur le canapé convertible qu'il a déplié pour moi. Je l'ai entendu appeler maman pour lui expliquer que je resterai quelques jours avec lui, puis son patron. La discussion a été houleuse.

— J'ai mal au ventre.

— Bizarre, ça ne colle pas avec les autres symptômes.

Ses sourcils se sont froncés et il consulte sa montre. C'est bien le seul à en porter une alors qu'il a toujours eu un mobile pour lui donner l'heure. Je la regarde et essaie d'imaginer mon père. C'est un cadeau de sa part, ce qui explique qu'il ne s'en sépare pas, même s'il refuse de parler de lui tellement il lui en veut de nous avoir abandonnés.

— Je suis désolée de te créer des problèmes au travail. Je peux retourner au collège ou rester seule, tu sais.

— D'où les douleurs à l'estomac... Arrête de t'angoisser, ma belle. Le médecin sera là dans à peine une heure, une fois que tu auras ton traitement, tu iras vite mieux. Et ne t'inquiète pas pour mon boulot, mon chef râle pour la forme. Ça ne pose pas de réels problèmes.

Je sens bien qu'il n'est pas sincère, on ne s'absente pas pour garder sa petite sœur de onze ans. À ce moment-là, son téléphone sonne et il semble étonné en découvrant le nom qui s'affiche.

— Allô.

— ...

— C'est très aimable à vous de prendre des nouvelles. Elle a beaucoup de fièvre, je pense à la grippe. Le médecin doit passer, il confirmera certainement.

— ...

— Je vais poser quelques jours de congé pour rester avec elle.

— ...

— Euh... oui, ça va aller.

— ...

— Vraiment ?

— ...

— C'est très gentil, merci beaucoup. Je lui en parle et je vous rappelle. À tout à l'heure.

Il raccroche, et me regarde, un sourire au coin des lèvres, téléphone encore en main.

— Sacrée famille qu'il a, ton ami.

— Pourquoi ? articulé-je avec difficulté, prise d'une quinte de toux.

— Sandra propose que Denise vienne s'occuper de toi.

— Ici ?

— Oui, l'organisme de Léo est fragilisé par le diabète, alors on va éviter de lui ramener la grippe chez lui. À l'inverse, sa grand-mère est un roc qui résiste à toutes les maladies.

— Et comme ça, tu pourras aller travailler.

— Si ça ne te dérange pas, ma puce.
— Non, au contraire.

Je suis soulagée. Mon frère n'aura pas de problèmes et je sais que Denise s'ennuie à la maison, quand tout le monde est absent. Même si je vais certainement passer mon temps à dormir, elle se sentira utile.

— Tu l'aimes bien ?
— Qui ?
— La mamie de Léo.
— Oui, elle paraît froide, mais en fait, je crois qu'elle est juste timide.
— Vous devez bien vous entendre alors.

Je hoche la tête tandis que j'essaie de me réchauffer. Artus n'a accepté qu'une fine couette d'été pour me couvrir alors que je suis frigorifiée et que mes dents claquent.

— Je sais que tu n'es pas trop en état, pourtant, j'ai quelques questions à te poser.
— D'accord, monsieur le gendarme.
— C'est sérieux. Quand je suis arrivé, c'était la fin de la récréation et j'ai vu Léo. Il était entouré de troisièmes qui semblaient le menacer. Tu es au courant de quelque chose ?

Mon ventre se noue à nouveau, pour mon ami cette fois.

— Non, il ne m'a rien dit.

— Ils ne s'approchent pas quand vous êtes ensemble ?

— Tout le monde sait que mon frère est gendarme.

Le soulagement éclaire son visage, je m'en veux de lui avoir causé du souci.

— Donc personne ne vous embête ? C'est certain ?

Je cherche mes mots pour ne pas mentir sans l'inquiéter.

— Je suis la première de la classe et Léo est malade. Alors forcément, on n'a pas d'amis et on se moque un peu de nous. Mais bon, ça n'est pas très méchant.

— Bien sûr que si, c'est cruel, plein de gamins souffrent terriblement à cause de ça.

— Pas moi, je m'en fous. Ce sont des cons, ils ne m'atteignent pas. Léo peut-être.

— Des gosses de votre classe ?

— Oui.

— Donc ce ne sont pas les mêmes que ceux que j'ai vus. Ceux-là étaient grands. Et potentiellement dangereux.

Un souvenir me revient.

— Michaël et sa bande... Peu après la rentrée, avant que nous soyons amis, il me semble qu'ils ont fait un signe menaçant à Léo. Il semblait effrayé, mais j'ai cru que j'exagérais. Je suis désolée.

Je fonds en larmes. Je suis épuisée, j'ai des douleurs partout dans le corps et surtout, j'ai peur pour Léo.

Qu'on l'agresse, mais aussi qu'il se fasse du mal. Il est si fragile. Mon frère me serre dans ses bras en s'excusant. Il me promet d'enquêter, ses paroles me rassérènent. Il va aider mon seul ami.

40

Scuatteur

J'entends Sandra gravir l'escalier, certainement pour savoir si l'injection a été faite. Léo laissant de plus en plus souvent la porte légèrement entrouverte pour que je le rejoigne, elle pousse le battant et y passe la tête.

— Toc, toc. Je peux entrer ?

— Mmmm.

Je n'y crois pas, le petit chenapan n'a fait que grogner. Ce qui, entre nous, ne veut rien dire. Oui ? Non ? Ce n'est quand même pas compliqué de prononcer un mot. Je suis presque sûr que ça demande moins d'efforts que ce borborygme. Je saute du matelas pour rejoindre Sandra et me frotte contre ses jambes.

— Merci, Squatt, me dit-elle en souriant, ayant compris mon intention.

Je me retourne vers Léo, qui a lâché son livre et me scrute en plissant les yeux. Je conduis sa mère jusqu'au lit où elle s'assied, ne recevant pas d'interdiction de mon protégé. Elle l'observe, essayant de jauger son humeur afin d'adapter son attitude.

Il n'a pas repris sa lecture, je bondis et m'installe sur son oreiller. Il me caresse tandis que je ronronne comme un bienheureux. Je rassure Sandra en lui miaulant qu'il s'est bien administré son traitement, j'y ai veillé. Aussitôt, une vague de soulagement manque de me balayer tellement elle est forte.

— Il a l'air d'adorer tes câlins.

— Oh oui qu'il aime ça, ce Squatteur d'amour, nous répond Léo.

— Je connais un autre petit chat qui raffolait de ça...

Enfin, il adresse les prémices d'un sourire à Sandra qui dégage immédiatement du bonheur. C'est fou comme il lui en faut peu pour être heureuse.

— Tu crois qu'on pourrait faire un cercle de tendresse ? propose-t-elle.

Je ne sais pas ce que c'est, contrairement à mon protégé qui hoche la tête avec enthousiasme.

— Moi, je m'occupe de Squatt et toi, de moi.

— Donc toi, c'est à moi que tu fais un câlin, Squatt, m'informe Sandra.

Bien, j'aime beaucoup cette idée. Je les laisse s'installer, Sandra s'allonge avec nous, Léo s'imbrique contre elle, le dos contre son ventre, je me positionne au creux des genoux de la maman.

— Mais non, pas là. Comment tu veux que je te caresse, moi ?

Mon protégé pouffe de rire, immédiatement suivi par Sandra.

— Il pense peut-être que tu es contorsionniste.

Le lit tressaute de joie partagée. Je suis ravi et le manifeste en ronronnant tout en me relevant. Ce n'est pas évident de trouver ma place et ma confusion les amuse encore plus.

— Je crois qu'il va falloir qu'on se décale un chouia pour le cercle, chaton, dit Sandra en embrassant son fils dans le cou. Ça te va si je viens en face de toi et que je te fais un câlin au bras ? Squatt se mettra entre nous.

— Oui ! s'exclame-t-il avec ravissement.

J'aime les voir ainsi. Sandra m'a confié que Léo était un enfant très affectueux avant d'être tout le temps en colère. Ils passaient des heures lovés l'un contre l'autre, à lire ou à se raconter des histoires. Ils ont changé de position et je m'installe, blotti contre Sandra. Mon protégé commence ses caresses tandis que je suis bercé par le mouvement de Sandra qui câline son fils.

Bulle de tendresse. Bulle de bonheur.

41

ALEXANDRE

L'eau brûlante coule sur ma peau et détend mes muscles soumis à rude épreuve par l'effort. Le prof de bio n'était pas là dix minutes après le début des cours, j'en ai profité pour me casser. Personne ne pourra me le reprocher, c'est dans le règlement de ce bahut de merde. De toute façon, il valait mieux pour la petite gueule d'Aroon que je passe mes nerfs sur le sac de frappe de papa plutôt que sur lui.

Pendant que le reste de la famille était à la mer, je suis rentré prendre des affaires un soir et j'ai découvert la clef du garage posée sur mon oreiller. Je n'étais même pas sûr qu'il se soit rendu compte que j'étais à la maison « avec lui » vu qu'il ne m'a rien demandé à propos de mes absences. Alors cette clef... Est-ce qu'il a reconnu en moi une rage similaire à la sienne, qui pousse à cogner ?

Aroon. Rien que de penser à lui, la colère enfle. Il est passé à l'étape supérieure. J'avais le droit à des regards de travers, là, il me bat carrément froid et se permet de faire des réflexions à la con. Comme s'il pouvait comprendre ce que je traverse. Lui, il est tranquille. Enfant unique, il a des parents fous de leur fiston chéri. Il n'imagine pas ce que c'est que de passer sans arrêt après Léo, d'être transparent. Ni de vivre en sachant que son petit frère est malade et que c'est grave. Qu'il est impossible de le protéger, de dégager le diabète. Je deviens dingue quand je pense qu'il ne guérira jamais. Que pas un jour dans ma vie, je ne serai serein. J'aurai toujours peur. Je serai toujours inutile.

Je frissonne, l'eau commence à être froide. Mamie ne dira rien, elle se contentera de me regarder d'un air déçu qui me fera péter les plombs. Elle n'aura qu'à prendre sa douche le matin pour une fois. Je ferme le robinet, attrape ma serviette et me sèche. La buée recouvre le miroir et j'hésite à l'enlever. Quand je surprends mon reflet, je suis toujours étonné. J'ai grandi d'un coup, et avec ma carrure de sportif, j'ai l'impression d'être face à un homme. Alors que l'image que j'ai de moi est plutôt celle d'un petit garçon recroquevillé.

Je me glisse dans ma chambre sans être vu et pousse le verrou. Je me prends les pieds dans mon album en me laissant tomber dans mon lit et le ramasse. Allongé sur le ventre, je plonge dans mes souvenirs. J'ai souvent pensé à me débarrasser de cette chaîne qui me relie à mon enfance, mais j'ai besoin de m'y réfugier parfois. Il m'appartient, personne n'a le droit d'y toucher.

La coutume lancée par maman était que nous choisissions chacun parmi les photos celles que nous voulions et elle nous en faisait un tirage que nous rangions religieusement. Chaton a le même, évidemment, son contenu diffère.

Je balaye rapidement du regard la dizaine de clichés qui me représentent bébé. Quand Léo fait son apparition dans ma vie, ce sont des pages et des pages qui se remplissent. Mon petit frère et sa bouille d'amour. La façon dont il me contemplait, comme si l'univers tournait autour de moi. Mon ombre, qui me suivait absolument partout. Nos éclats de rire pris sur le vif.

D'un coup, il me manque tellement que ça me fait mal à la poitrine. Je pousse sa porte, entrouverte pour Squatt.

— Chaton ?

— Quoi ? me demande-t-il sans même lever les yeux de son bouquin.

— Ça te branche de regarder un film avec moi ?

Il se redresse et saute sur ses pieds.

— *Spider-Man ?*

— Ah non, on l'a déjà vu cent cinquante fois, protesté-je.

— De toute façon, c'est jamais bien, ce que je propose.

— J'ai pas dit ça ! Viens, on va chercher ensemble quelque chose qui nous plaise à tous les deux.

— J'ai plus envie, clôt-il en retournant dans son lit.

— Réagis pas comme ça, petit chat.

— J'ai quand même le droit de ne pas vouloir !

Il hurle et je rebrousse chemin. Je me retiens de gueuler plus fort que lui. Ça ne sert à rien, il gagnera dans tous les cas.

Arrivé dans ma chambre, j'attrape ce putain d'album qui me fait croire à l'amour de mon frère et l'envoie le plus fort possible contre mon mur. Qu'il sursaute un peu, lui aussi, il n'est pas le seul à savoir balancer des trucs.

Quand il retombe au sol, il s'ouvre sur une photo de mes sept ans. Le bonheur de la famille est éblouissant. C'est la dernière avant le diagnostic. Les clichés suivants ne cachent pas le voile dans nos yeux. Même un observateur étranger verrait la différence. À partir de là, il y a de moins en moins d'images. Moins de moments à immortaliser.

Il faut que je me casse et vite. J'étouffe ici. Je fourre quelques affaires dans mon sac et sors discrètement de la maison. Le temps qu'ils se rendent compte que je me suis barré, je serai déjà à Toulouse. Avec les autres, prêt à tout oublier.

42

Denise

J'embrasse Sandra et m'autorise à la prendre dans mes bras. Quand elle était petite, elle me rejetait systématiquement, préférant les câlins de son papa. Par la suite, j'ai toujours eu peur qu'elle me repousse, de ne pas surmonter cette douleur, alors je n'ai plus osé. Même quand j'ai vu que Fatima pouvait la cajoler, je suis restée en retrait avec l'impression d'avoir raté le coche. Depuis que je suis là, nous nous apprivoisons et je la touche de plus en plus. Je crois que ça nous fait du bien à toutes les deux.

Je la relâche et, du pas de la porte, la regarde monter dans sa voiture. Devant ses gestes au ralenti, le maquillage qui cache mal sa mine en papier mâché, j'ai envie de lui faire un mot d'excuse et de la garder avec moi pour qu'elle souffle quelques heures. Je me refrène, ce n'est plus une écolière et travailler lui changera sans doute les idées malgré la nuit blanche passée à se ronger les sangs. Après de longues hésitations, les garçons sont partis au collège un peu plus tôt.

Quand nous avons appelé Alex et Léo hier soir pour le repas, seul chaton est descendu. Pensant qu'il avait ses écouteurs, Sandra est allée dans la chambre de poussin pour constater qu'elle était vide. Nous avons fouillé toute la maison et impossible de lui mettre la main dessus. Squatteur miaulait devant la porte d'entrée, comme pour nous indiquer le chemin. Sandra est devenue folle, elle a hurlé sur ce pauvre matou qui ne l'avait pas prévenue alors que ce n'est qu'un animal, pas un magicien...

Ma fille a immédiatement cherché à joindre son mari qui ne répondait pas sur son portable. Vu l'urgence, je lui ai conseillé d'appeler à son travail. À notre étonnement étant donné l'heure tardive, c'est Marc, son collègue de bureau, qui a décroché. Après lui avoir expliqué qu'il faisait quelques heures supplémentaires pour s'offrir une croisière en Égypte, il a fini par lâcher qu'Antoine était parti depuis longtemps. Comme tous les mardis... À la fin de la communication, elle était aussi blanche qu'un linge et j'ai dû la soutenir pour qu'elle ne s'écroule pas. Petit chat n'en a pas perdu une miette, immobile et silencieux. Malgré mes efforts, je n'ai rien trouvé d'approprié à dire pour le réconforter. La situation nous échappait complètement.

— Alexandre, mon poussin... murmurait-elle en boucle.

— Calme-toi, ma puce, ça va aller.

— Non, maman, non, ça ne va pas aller.

— Bon, reprenons les choses posément.

J'avais autant besoin de me rassurer qu'elle. J'ai essayé de la faire asseoir sur le canapé, peine perdue ! Elle déambulait dans le salon, en proie à l'agitation. L'inquiétude, la trahison, tout se mélangeait. Et Léo qui semblait vouloir ne faire qu'un avec le mur sur lequel il était appuyé.

— Où est Alexandre ? avait-il demandé d'une voix vibrante.

— On ne sait pas, mon chaton, il a dû aller voir ses copains.

Sandra s'était arrêtée face à lui et sa main s'approchait de ses cheveux pour les caresser quand Léo l'a coupée dans son élan d'une simple phrase.

— Ça m'étonnerait.

— Quoi ?

— Ben, Aroon lui fait la gueule.

— Ce n'est pas possible, il passe tous ses week-ends chez lui.

— De toute façon, je m'en fous !

Et voilà, il avait sorti ses griffes et nous avons entendu la porte de sa chambre claquer. Depuis que je suis là, j'ai dû la réparer plusieurs fois tellement elle est mise à rude épreuve. Je regarde autour de moi et comme à mon arrivée, j'observe toutes les traces de la violence de Léo, les marques sur les murs, les choses cassées. Je comprends qu'ils ne reçoivent plus, impossible de cacher qu'il y a un problème.

Je repense de nouveau à la veille au soir. Sandra qui appelle Aroon qui lui répond vaguement qu'Alex n'est pas chez lui et qu'il n'a aucune idée d'où il est. Quand elle a essayé d'en savoir plus sur les lieux qu'ils fréquentent ou leurs amis communs, il a bredouillé une excuse et a raccroché en coupant son téléphone. Elle n'a même pas eu le temps d'aborder leur prétendue brouille.

Elle m'a demandé d'attendre avec Léo pendant qu'elle faisait le tour du quartier en voiture jusqu'à ce qu'Antoine rentre et prenne le relais. Ce n'était pas le moment pour le mettre au pied du mur et qu'il s'explique, néanmoins, il n'y échappera pas. Trop de mensonges. Elle n'a pas besoin de ça en plus du reste.

À minuit, mon gendre est revenu bredouille et anxieux, nous ne savions pas quoi faire. Prévenir la police alors qu'il était visiblement parti de son plein gré ?

Quand le bruit des clefs dans la serrure s'est fait entendre juste après, je me suis rendu compte que je retenais mon souffle depuis de nombreuses heures. Je préfère ne pas penser à Alex qui n'a pas pris la peine de s'excuser et est allé se coucher sans adresser un regard à ses parents. C'est mon poussin, mais quand même, il est allé trop loin.

Au réveil ce matin, il était maussade et a refusé de s'expliquer. Même Léo n'a rien osé dire et l'a suivi en silence en quittant la maison. Dès que la porte s'est refermée, Sandra s'est écroulée.

— Maman, qu'est-ce que j'ai fait de mal ?

— Absolument rien, ma chérie, tu es parfaite.

— Si, forcément, tout va de travers.

— Ce n'est pas de ta faute.

— Je suis leur mère, s'ils souffrent, je suis responsable.

— Ce n'est pas toi le problème.

— Alors qu'est-ce que c'est ? Il faut que je le sache pour lutter, pour le résoudre. Je ne peux pas laisser mes garçons s'enfoncer comme ça.

Ses larmes finissaient à peine de sécher quand elle a dû partir à son tour. Je fixe le téléphone devant moi. Étant donné la situation, il n'y a qu'une chose à faire, même si j'ai peur de sa réaction. Et de la mienne. Je me secoue, je n'ai pas le droit d'être égoïste. Il faut faire ce qui est le mieux pour eux. Mon doigt fait défiler la liste de contact et je clique sur son nom.

— Allô, Fatima ? C'est Denise. Il faut que tu reviennes, c'est de pire en pire ici. J'ai peur...

43
Sandra

Je tremble telle une feuille. Le repas est passé, les enfants sont couchés et les télévisions s'allument dans les logements autour de moi. Le parc, quant à lui, est désormais désert, d'autant qu'il souffle un vent glacial. Malgré tout, je suis soulagée d'être ici. Il était inconcevable que je reste à la maison ce soir avec mon poussin qui refuse de me parler. Il faudra que nous ayons une discussion, cependant, j'ai besoin de reprendre des forces avant. Et personne n'est plus doué que ma sœur de cœur pour me redonner de l'énergie.

Un bruit me fait sursauter, je lance un regard au sol et j'aperçois Samia essayer de grimper à la corde. J'étouffe un rire, elle n'a jamais réussi, même quand elle pesait la moitié de son poids actuel. Alors ce n'est pas avec trente ans de plus qu'elle va y arriver. Elle renonce en grognant et se résout à prendre le toboggan à l'envers pour me rejoindre.

— Tu y as vraiment cru ? lui lancé-je en guise de bonjour.

— Pousse-toi au lieu de te foutre de ma gueule.
— Gros mot !
— Oh, ça va ! Elena n'est pas là, je peux en dire.

Elle se jette sur moi et m'embrasse de toutes ses forces. La première action de la gestion de crise.

— Bon, on entre dans le vif du sujet de suite ? me demande Samia en agitant son portable où mon texto « Rires et écorchures – 21 heures » s'affiche.

Notre message codé. Seules nos mères pourraient à la limite le comprendre. C'est dans ce square que nous avons eu nos premiers jeux ensemble, que nos genoux se couvraient de croûtes à foncer tête baissée. C'est ici que Denise et Fatima se sont rencontrées, apprivoisées et que leur amitié est née. Le début d'une nouvelle vie pour nous. Les deux gamines solitaires sont devenues sœurs jumelles, indissociables l'une de l'autre, au point que Samia venait le week-end chez papa avec moi. Je me blottis dans les bras que Samia m'ouvre en grand.

— C'est plus petit que dans mes souvenirs.

J'apprécie ses paroles, elle me laisse encore un peu de temps. Pourtant, elle doit avoir aussi mal aux fesses que moi. Comment pouvions-nous rester des heures ici, dans la cabane en haut du toboggan ? C'était notre royaume.

— Ou alors, c'est nous qui sommes plus grandes.
— C'est triste.

— Oui, j'aimerais que nous soyons à nouveau des enfants. Que rien ne repose sur nos épaules. Vivre sans le poids de la peur, des responsabilités.

Ses doigts caressent mes cheveux, ses lèvres m'embrassent en haut du front, comme Fatima quand je pleurais, petite fille. À l'époque, il s'agissait d'une mauvaise note ou d'un garçon qui s'était moqué de moi. Des broutilles.

— J'ai conscience que c'est dur, ma chérie. Mais on a une chose qui contrebalance tout, qui permet de tout supporter.

Je sais à quoi elle pense, nous en avons parlé des milliers de fois, surtout avec son infertilité. C'est l'amour de notre famille qui nous pousse à avancer. Dans son cas, celui de Donato, sa confiance en l'avenir qui l'ont empêchée de sombrer.

— Et quand c'est cette chose qui, au lieu de t'élever, te tire vers le bas ?

— C'est passager, ma gargouillette. Tes enfants sont géniaux, ils t'aiment plus que tout au monde. Et même si Antoine merde grave ces temps-ci, je n'avais jamais vu un homme plus fou de sa femme que lui. C'est un très mauvais moment à endurer. Mais ce n'est pas représentatif de l'ensemble de ta vie.

— Fidji, viens ici ! On rentre à la maison.

Nous sursautons de concert et passons immédiatement nos têtes par les petites ouvertures de notre cachette. Un vieux monsieur promène un minuscule chien dont la race n'est pas identifiable dans l'obscurité de cette nuit de fin d'automne. Sûrement un chihuahua. Son attitude confirme le tremblement de sa voix, il ne semble pas rassuré.

— Tu crois qu'il nous a entendues et qu'il a peur ? me chuchote Samia.

Vu sa façon d'observer tout autour de lui, son pas nerveux et sa difficulté à raccrocher la laisse de son cabot, l'inquiétude ne fait aucun doute. Quand je lève les yeux vers mon amie pour lui répondre, je croise son regard malicieux. Oh non, elle a l'idée d'une bêtise.

— Et si on sautait en hurlant ?

— Petit un, je ne suis pas sûre que nos os apprécieraient, ils sont plus fragiles qu'à l'époque. Petit deux, s'il fait une crise cardiaque, on aura l'air de quoi, hein ?

— S'pèce de rabat-joie.

Quand je vois sa langue franchir ses lèvres pour appuyer son propos, je me sens prise d'un fou rire nerveux. Le vieux monsieur vient tout juste de se relever et époussette son pantalon. Il faut que je me contienne. Heureusement, une bourrasque se lève et l'aide à avancer plus vite vers la sortie. Nous pouffons. Nous sommes mal installées, frigorifiées et j'ai l'impression que ma vie se délite, pourtant, je ris avec ma meilleure amie telle une gamine et c'est tout ce qui compte.

Dans quelques minutes, je lui raconterai l'absence d'Alex, notre inquiétude, sa froideur et elle m'écoutera, me cajolera. Je déverserai une partie de ma peine et je serai plus légère pour affronter demain.

44
Squatteur

Les mains dans ses poches, se tenant droit et le regard braqué vers la gauche, il attend. Je ressens de la détermination. Qu'est-ce qu'il fait ici ?

— Je sais que tu es dans le coin, Squatteur.

De ma cachette sous la voiture la plus proche, je sursaute. J'hésite une seconde puis je le rejoins.

— Tu agis comme Einstein qui est toujours présent pour Aélys.

— Miaou.

— Je crois que tu es là pour veiller sur Léo. Et je pense pouvoir t'aider. Je suis de ton côté.

La dernière fois qu'Aélys est venue, son ange la suivait. Car si je lui ressemble, c'est que nous sommes bien tous les deux des protecteurs. Il m'a raconté l'élément déclencheur de son arrivée : le départ d'Artus du foyer familial. Après de nombreuses hésitations – il s'inquiétait de laisser sa jeune sœur affronter seule sa mère –, il a fini par déménager, conscient qu'il se détruisait à petit feu. Mon collègue a pris le relais et si la situation n'est pas parfaite, elle s'améliore, surtout depuis que mon nouveau clan est entré dans sa vie. Heureusement pour elle, Aélys est une adolescente particulièrement intelligente et mature, même si Einstein et moi savons tous les deux par expérience qu'il faut toujours se méfier. Si elle a besoin d'un ange gardien, c'est qu'elle est d'une grande sensibilité. C'est une merveilleuse opportunité de vivre pleinement, mais c'est aussi s'exposer de façon parfois douloureuse.

Le bus de Léo apparaît et Artus me sourit.

— Il arrive. Tu veux bien retourner te cacher ? Qu'il ne puisse pas fuir notre discussion ?

Je comprends sa demande. Sous prétexte de s'occuper de moi en me cajolant, mon protégé pourrait éluder toutes les questions du jeune gendarme. Si je pense à son métier, c'est qu'il a gardé sa tenue et il est assez intelligent pour que ce ne soit pas une coïncidence. Je ressens qu'après avoir inquiété les mamies, il s'est promis de ne plus faire les mêmes erreurs. Je reprends place sous la voiture qui dégage une douce chaleur. Ainsi abrité du froid de canard – comme disent les humains – je suis aux premières loges.

Mon bonhomme n'a pas encore aperçu le grand frère de son amie. Je constate qu'il est suivi par une petite bande. Je sens sa peur qui les excite. Il se retient de courir, de se retourner. J'ai envie de bondir et de refaire le portrait de ces vauriens. Quelques coups de griffes les calmeraient peut-être. Son pas ralentit en remarquant Artus qui vient à sa rencontre d'un air décontracté.

— Salut, Léo, dit-il en lui tendant la main.

— Bonjour.

Je le sens indécis en serrant cette grande paluche. Artus dévisage le groupe de garçons qui ne savent plus quoi faire. Leur proie est devenue inaccessible et s'arrêter soudainement paraîtrait suspect. Ils continuent leur chemin tout en jetant des coups d'œil à Léo. Artus ne les lâche pas du regard, comme pour les avertir.

— Ça va ?

— Oui. Mamie m'a dit qu'Aélys n'avait plus de fièvre et qu'elle reviendrait sans doute au collège demain.

— C'est dur sans elle ?

— Ça va, répond Léo en haussant les épaules.

— Je ne pense pas, moi.

— …

— J'ai observé ces gamins. Je suis persuadé qu'ils s'en prennent à toi.

— Non !

— Je peux t'aider, Léo, vraiment.

— Ça va.

À croire qu'il ne sait dire que ça ! Mon protégé fait mine de s'éloigner. Artus ne bouge pas.

— Léo ! Ma sœur t'aime. Ta famille lui a ouvert grand les bras. Que tu le veuilles ou non, je suis là pour toi.

Mon petit homme s'arrête. D'où je me trouve, je vois ses yeux se remplir de larmes. Artus s'approche, pose une main sur son épaule.

— Je vais te raccompagner jusqu'à ta maison et ensuite, j'irai chez eux.

— Ils se vengeront.

— Je peux te garantir que ça ne se produira pas. Prends Aélys, elle est différente des autres, plus sensible, plus intelligente. À votre âge, c'est dur de ne pas rentrer dans le moule. Les collégiens ne sont pas très tolérants. Et pourtant, personne ne la touche. Tu devines pourquoi ? Parce que tout le monde sait que je suis son frère.

— Mais vous n'êtes pas le mien.

— Les liens que nous choisissons sont aussi puissants, voire plus, que ceux du sang.

— Je ne mérite pas ça.

Je ne sais pas s'il parle du harcèlement dont il est victime ou de la prévenance d'Artus. Peut-être des deux ?

Il tourne toujours le dos à celui qui veut l'aider, comme s'il était plus facile de communiquer ainsi. Il a prononcé peu de mots et pourtant, c'est une des conversations les plus longues que je l'ai entendu avoir. Je suis fier de lui, d'autant plus qu'il exprime enfin une émotion profonde.

— Si jamais tu as peur, si on t'embête, que tu es mal à l'aise, appelle-moi.

Artus tend un papier à mon protégé. Sans doute son numéro de téléphone. Je veillerai à ce que Léo l'ajoute bien à ses contacts dès qu'il rentrera.

— Je ne plaisante pas. Souvent, une intuition nous souffle que nous sommes en danger et notre cerveau la fait taire. Pour plein de bonnes raisons. Peur d'être ridicule, de déranger, manque de confiance. Pourtant, s'il y a une chose que j'ai apprise, c'est que notre instinct, c'est notre subconscient qui analyse plein de détails. Et il ne se trompe presque jamais. Alors je te pardonnerai toujours de m'appeler, même si c'est pour rien. À l'inverse, je t'en voudrai de ne pas le faire si tu en as besoin. Il n'est pas question d'entendre ta mère parler de te racheter un portable, ni Aélys s'inquiéter pour des blessures ou des douleurs. Est-ce que c'est compris ?

Léo tremble et je sors de ma cachette. Je vois les images qui défilent devant ses yeux. Dans sa souffrance, sans le savoir, il m'a ouvert une porte et notre lien n'a jamais été si puissant. Je ne peux pas le laisser affronter ça seul. Je me frotte contre ses jambes et il m'attrape. Ses maigres bras me serrent à me briser les os. Malgré la douleur, je blottis mon museau dans son cou, juste comme il aime. Sans me lâcher, il part en courant le plus vite possible. Une vrille d'angoisse me transperce, il n'a pas pris de sucre. J'espère qu'il atteindra la maison sans s'écrouler.

Nous sommes dans le lit de Léo et je le berce grâce à mes ronronnements dont l'effet apaisant a été prouvé depuis bien longtemps. Bien entendu, il n'a pas tenu le choc à courir tel un dératé. Artus l'a rattrapé avant qu'il ne s'écroule et sans un mot, a sorti de son sac tout le nécessaire. Test, puis sucre. Il ne restait que deux cents mètres, mais, toujours en silence, il a pris mon protégé dans ses bras et l'a porté jusqu'au perron. À croire qu'il s'attendait à cette réaction. Après un dernier signe de la main, il s'est éloigné. Dans la nuit déjà tombée en cette saison, personne n'a rien remarqué, j'en suis le seul témoin.

Dès que Léo a ouvert la porte, Sandra a bien constaté qu'il y avait un problème. Le goûter s'est passé dans un silence oppressant et pour la première fois depuis longtemps, son fils n'a rien dit pour le traitement.

Alors que nous nous apprêtions à rentrer dans la chambre de mon bonhomme, elle m'a interpellé par télépathie : « *Squatt, il va falloir que nous parlions tous les deux. Je sais que tu es au courant.* » J'entends encore sa voix résonner et la façon dont nous communiquons me questionne de plus en plus. J'ai l'impression qu'elle... Non, c'est impossible. Je repense à mon ordre de mission que j'ai lu en diagonale. Il s'agit d'un très très long document administratif qui fait dans les cent pages. Il fourmille de références diverses à la création de notre entité, à notre rôle. Il contient aussi énormément de règles sur comment mener à bien notre travail. Même pour ma première affectation, j'ai survolé tout ça, c'est d'un ennui ! Dans le cas de Léo, j'ai juste lu un ou deux paragraphes sur le contexte.

Mon protégé attrape un livre et change de position pour se mettre à plat ventre sur le lit. Je m'étends le long de son torse et glisse une patte sur son bras gauche. Nous ne bougerons pas pendant un moment, il faut que je sois confortablement installé. Il est temps. Je me concentre et fais apparaître derrière mes rétines le fameux document.

Ordre de mission

En vertu des difficultés qu'ont les humains à accepter les sorciers, il a été décidé de leur affecter un ange gardien qui aura pour fonction de veiller sur leur sécurité et leur bien-être tout en leur facilitant la pratique de leur don. Avec un protecteur, un enchanteur verra ses capacités démultipliées.

Blablabla, je sais tout ça, on nous l'a enseigné et c'était bien plus passionnant de vive voix. Cette partie-là fait déjà douze pages. Je n'ai pas envie de lire comment la magie a disparu de la Terre et la façon dont nous avons été réorientés sur des âmes pures, hypersensibles. Je suppose qu'il s'agit d'une version réactualisée. Il y a des siècles, la lettre était bien moins longue.

Article 1, l'ange devra impérativement lire l'intégralité de cet ordre de mission avant de descendre sur Terre.

Article 2, l'ange devra observer son protégé pendant un laps de temps d'au moins un mois avant toute intervention, y compris simplement se présenter à lui. Ce temps d'étude est primordial afin de mener la mission à bien.

Article 3, à l'issue de la période d'analyse définie à l'article 1, le primo ange devra relire l'ordre de mission dans son intégralité. Les autres se contenteront du dernier point, consacré aux informations sur leur protégé.

Bon sang, je sens que je vais m'endormir et je n'en suis qu'au début ! Je n'avais jamais été jusque-là, je ne savais même pas que lorsque j'étais primo ange, lors de ma première mission donc, il aurait fallu que je me retape tout. Sérieusement, qui a pondu ce truc ? Est-ce que seulement un de mes collègues a déjà tout lu, ne serait-ce qu'une fois ? Et il faudrait le faire à dix reprises ? Ils veulent notre mort ou quoi ? Je saute quelques passages.

Article 74, l'ange devra veiller à ne pas s'attacher outre mesure à son protégé.

Mais bien sûr... Je fais l'impasse sur cet article, ils en ont parlé en formation. Je n'ai jamais réussi et je suis persuadé que si j'ai aidé les miens, c'est bien parce qu'ils sentaient mon amour.

Article 123, l'ange devra établir un rapport à la fin de sa mission.

Alors ça, je le sais, ils insistent bien dessus, même si je n'en ai jamais compris l'utilité. Si notre travail est terminé, c'est que notre client est décédé pour parler de façon bureaucratique. Quel besoin de remuer le couteau dans la plaie ?

Article 178, dans beaucoup de cas, afin de laisser croire aux humains qu'il n'est qu'un animal ordinaire, l'ange devra mettre en scène sa mort et revenir quelques jours plus tard comme s'il était un autre chat.

C'est valable quand nos protégés sont stables et c'est toujours très dur. Je me rappelle un de mes sorciers qui avait été tellement dévasté par mon prétendu décès qu'il n'avait pas accepté de seulement regarder son nouveau compagnon pendant des mois. Heureusement, dès qu'il m'a vu, il a ressenti notre lien, intact.

Article 247, le travail de l'ange s'arrête à la disparition de son protégé.

Je n'ai oublié aucune des huit personnes que j'ai accompagnées jusqu'à présent. Si, au début, je m'interrogeais sur la pertinence de se limiter à neuf missions alors que nous sommes presque immortels, j'ai compris avec le temps. C'est un déchirement.

J'arrive enfin à la partie qui concerne Léo et je suis stupéfait de découvrir qu'il reste trois pages. Normalement, il n'y en a qu'une, la dernière. C'est la seule que j'ai lue. J'ai donc loupé des informations.

Pour cette ultime mission, nous souhaitons vous offrir un cadeau pour vous remercier des siècles passés à prendre soin des humains.

Oh, ça pour une surprise !

Si votre nouveau protégé marque la fin de votre parcours professionnel, il est en outre un rappel du début de celui-ci.

Quoi ? Les battements de mon cœur s'accélèrent. Moi qui pensais avoir tout vu dans ma carrière...

Léo, enfant de sexe masculin âgé de onze ans, est un descendant par sa mère, Sandra, de Brunissende.

Au même moment, mon petit bonhomme rit et ses tremblements me secouent. J'ouvre les yeux et le regarde. Je ne reconnais en rien ma sorcière chez lui. Je ne la ressens pas. Les siècles ont dilué son sang, pourtant, une part infime de ma première protégée coule dans ses veines.

Sandra pousse la porte.

— Mon chaton, on passe bientôt à table.

Je fixe mon attention sur elle pendant que Léo grommelle. Je cherche là encore une ressemblance. Non, il n'y a rien.

— Pour toi aussi, Squatteur.

Elle me fait un clin d'œil et quitte la chambre. Son sourire... c'est le même que celui de Brunissende. J'ai entendu parler de descendants des sorciers, cependant, je n'en avais jamais rencontré. Ils sont en général très doués dans leur domaine, néanmoins, ça peut sauter plusieurs générations. En tout cas, ça explique la connexion exceptionnelle que j'ai avec Sandra. Mon lien avec Léo devrait être plus fort qu'avec mes autres protégés, ce qui n'est pas le cas. Et Denise, elle aussi, est une descendante et nous n'arrivons pas du tout à communiquer. Elle a fini par m'accepter, sans pour autant rechercher le contact avec moi.

D'un coup, mes pensées se figent. Le fils de Brunissende, il a survécu ! Il n'y a que lui qui peut avoir transmis son sang. J'ai accompagné ma première protégée de son premier souffle à sa mort. À l'époque, dès la grossesse, on savait si l'enfant à naître avait le don ou pas. Nous pouvions donc être présents au début de leur vie et les guider à chaque étape. Certains bébés manifestaient déjà leurs pouvoirs, à l'image de ma sorcière.

Brunissende a vécu très isolée. Dès que sa mère a appréhendé la situation, elle a fait croire à tout le monde – y compris à son mari – que sa fille avait succombé à l'une des très nombreuses maladies infantiles alors fréquentes. Elle l'a confiée à une vieille femme recluse dans la forêt.

Quand ma protégée a eu treize ans, elle a été violée par des soldats. De plus, au bout de quelques semaines, nous avons constaté qu'elle était enceinte. Je passe sur le double traumatisme occasionné, j'en ai toujours les moustaches qui frémissent de rage en dépit des siècles écoulés. Le nourrisson a été abandonné sous le porche d'une église. Elle et moi pensions souvent à lui, malheureusement, malgré mes recherches, n'ayant eu le temps d'établir aucun lien avec le bébé, je ne l'ai jamais retrouvé. Nous supposions donc qu'il était mort, comme tant d'autres enfants à cette époque.

Je me demande quelle a été la vie de ce garçon. Il n'avait pas le don, malgré cela, certains descendants directs de sorcières pouvaient développer quelques pouvoirs de façon très ténue.

L'heure du repas approche, je me concentre à nouveau pour poursuivre cette lecture passionnante. Mais pourquoi n'ai-je pas été plus curieux avant ?

45
Sandra

Il est déjà dix-huit heures et Antoine n'est pas rentré malgré sa promesse aux garçons. Il ne décroche pas quand j'appelle, sans doute sur la route entre le métro et la maison. En tout cas, je l'espère. Je lui envoie un texto qu'il lira à un feu rouge.

Bon, je pars pour le collège,
tu me rejoins là-bas.

J'attends deux minutes sa réponse en passant un coup d'éponge sur la table parfaitement propre.

— Vas-y, ma puce.

Maman a posé sa main sur mon bras et j'y puise du réconfort. Ces rencontres sont toujours un calvaire. Si poussin travaille bien, il discute trop, ce qui est inadmissible. Quant à chaton, il ne dérange personne, mais ne fait pas le moindre effort scolaire. Inacceptable également.

Je m'apprête à partir au moment où Squatteur descend l'escalier. Il s'assied sur la dernière marche et cligne des yeux.

— Merci, mon beau, je sais que je peux compter sur toi.

Je m'approche de lui et son ronron anticipé me parvient. Je m'installe à ses côtés et lui dépose un baiser sur le crâne accompagné d'une caresse. Je relève la tête et crie pour la centième fois aux enfants qu'il faut y aller. J'ai peur qu'ils n'obéissent pas et je n'ai pas la force de me livrer à un bras de fer mental avec eux. Ils ont déjà épuisé ma dose de résistance pour la journée. Léo s'est mis dans une colère noire au goûter, suivi d'Alexandre.

— Miaou !

Je remercie d'un sourire Squatt qui appelle lui aussi les garçons. Ce chat comprend tout.

— Tu crois que ça va bien se dérouler ?

Il me répond en frottant sa tête contre ma cuisse. De ma place, je vois maman, immobile, qui attend. Je leur laisse encore une minute, une minute avant d'obtempérer ou d'ouvrir le conflit. Les secondes s'égrènent, ponctuées par le ronronnement de Squatteur.

— Bon, il faut que je passe à l'étape suivante, soupiré-je en m'adressant à mon allié.

— Tu veux que j'y aille ? me propose Fatima qui vient de remonter de la cave où elle trie les affaires trop petites des enfants.

— Tu prends le relais si je n'y arrive pas, d'accord ?

J'apprécie qu'elle soit revenue à la maison, mais malgré sa présence et celle de maman, il m'est difficile de déléguer. Je me dis que c'est à moi de faire les choses, même si c'est dur.

J'observe les marches en bois verni pour ne pas penser à autre chose tandis que je grimpe l'escalier. Je commence par Léo, qui est celui qui a le plus de mal à coopérer, bien qu'Alex nous donne du souci en ce moment. Son comportement me préoccupe, il s'est complètement refermé. Nous parlions énormément avant, et maintenant, soit il est absent, soit il s'enferme dans sa chambre. Il a été malade tout le temps de sa punition, pourtant, il a refusé de voir le médecin sans que j'en comprenne la raison.

Je frappe à la porte de Léo.

— Mon petit chat… c'est l'heure.

— Je veux pas y aller !

— Je sais, mais c'est obligatoire.

— Je m'en fous !

— Pas moi, alors tu sors maintenant.

Ma voix est froide, elle ne laisse filtrer aucune émotion. Je la déteste, cependant, elle est mon atout le plus précieux dans cette situation. Au moindre signe de faiblesse, il s'y engouffrera sans hésiter. J'entends un tiroir qui claque, accompagné d'un juron. Victoire ? Je m'approche de la chambre d'Alexandre et frappe avec insistance. Selon son habitude, il doit avoir son casque sur les oreilles.

— Poussin… c'est l'heure.

— Putain, mais ça fait chier ! On n'est pas obligés d'y aller !

— Si, tu le sais bien.

Il ouvre la porte d'un geste brusque et je sursaute.

— Y a des parents qui s'y rendent jamais et personne leur reproche.

— C'est important de montrer qu'on s'implique pour vous.

— De toute façon, ils disent toujours la même chose.

Comment lui donner tort ? Quelques professeurs sortent parfois du lot, néanmoins, c'est généralement un copié-collé des années précédentes. Je ne leur en veux pas, c'est un exercice difficile et bien que les enfants évoluent, leurs traits de personnalité dominants restent les mêmes.

Léo ouvre sa porte et nous rejoint en traînant des pieds.

— Bien, on y va ! déclaré-je gaiement en frappant des mains, histoire de leur communiquer un soupçon d'enthousiasme.

Enfin prêts, avec un dernier geste d'au revoir aux grands-mères, nous quittons notre foyer sécurisant et filons au collège. Sur la courte route, je pense à mon mari et j'espère qu'il ne va pas décevoir ses fils. Pas encore.

Ma première rencontre est avec M. Noud, le professeur d'EPS[9] de Léo. Nous attendons devant la classe indiquée sur mon planning. Elle est fermée et je n'entends pas de voix s'en échapper. Je n'ai que dix minutes à chaque fois et l'heure tourne. Je m'impatiente. J'ouvre la porte, vide.

— On a qu'à aller au prochain, propose mon petit chat.

Je soupire. S'il y a bien un enseignant avec qui je souhaitais échanger, c'était lui. Je n'ai pas oublié cette fameuse crise d'hypoglycémie qu'a mentionnée Léo. À force d'insister, j'ai compris qu'elle s'était passée en cours de sport, mais je n'en sais pas plus et ça me ronge. Il va me falloir solliciter un rendez-vous avec la CPE pour tirer ça au clair. Je n'arrive toujours pas à admettre qu'un événement aussi important ne m'ait pas été rapporté.

Je consulte ma liste et le suivant est deux étages plus haut. Vite, nous montons et nous présentons pile

---

[9] Éducation physique et sportive. Si vous êtes comme Alex, c'est un super moment pour vous défouler et vous amuser. Si vous ressemblez plus à Léo ou Aélys, c'est une vraie épreuve.

à l'heure au professeur principal de poussin. Un couple sort et nous laisse la place. Je rentre avec mes deux garçons.

— Bonjour, madame, vous êtes la maman d'Alexandre ?

— Oui, réponds-je en m'asseyant.

— Bien, je suis content que vous soyez venue. J'aurais préféré parler à votre mari également, car nous avons de gros problèmes avec votre fils.

Mon sang se fige, ce préambule n'annonce rien de bon.

— Alexandre a complètement lâché. Il ne note quasiment plus ses cours, rend des copies blanches, dort en classe. Avec le brevet cette année, il va droit dans le mur.

Mes oreilles bourdonnent et j'ai l'impression d'être déconnectée. Je sais que mon poussin ne se sent pas bien ces temps-ci, endurer les crises de son frère est très difficile à vivre pour lui. Pour autant, je ne m'attendais pas à ce que ce soit aussi catastrophique. Le professeur me regarde sévèrement, je dois répondre quelque chose.

— La situation familiale est très compliquée en ce moment.

— C'est le cas pour beaucoup d'adolescents. Ce n'est pas une excuse pour foutre en l'air son avenir.

Je vois Alexandre se tendre, il est au bord de l'explosion et ce n'est pas l'endroit pour ça. Il faut essayer de calmer les choses.

— Auriez-vous des conseils à me donner ?

Le professeur recule, surpris. Il attrape les fiches sur ses élèves et les remet en ordre. Pour gagner du temps ?

— Eh bien, il faudrait qu'il comprenne qu'il faut travailler à présent. Que vous soyez plus derrière lui pour les devoirs et contrôler son heure de coucher afin d'éviter qu'il s'endorme en classe.

Il semble fier de lui et je sens mes joues rougir. Qu'est-ce qu'il imagine ? Que je ne m'occupe pas de lui ?

— Excusez-moi, le temps est écoulé. Je compte sur vous pour réagir.

Comme un automate, je me lève, lui serre la main et rejoins les garçons qui sont déjà dans le couloir.

— Quel connard, celui-là !
— Alexandre, on ne parle pas ainsi des gens, grondé-je par réflexe, même si je ne suis pas loin de partager son avis.
— On peut rentrer, maman, t'es pas obligée de subir ça, me glisse petit chat.

Mes yeux se plissent. Bonté d'âme ou des choses à cacher ?

— On s'est engagés, on continue.

Je reprends le planning et les rendez-vous défilent. Souvent sans voix, je ne me sens pas à la hauteur. Je n'ai aucune repartie, j'ai l'impression d'être passée en pilotage automatique pour m'empêcher de m'écrouler. Si seulement je fondais en larmes, ils arrêteraient peut-être de me blesser avec leurs jugements sur mes enfants ! Mais je ne sais pas faire ça. Mes pleurs sont réservés à Squatteur et à mon oreiller.

Ces rencontres sont ponctuées de temps d'attente qui m'obligent à repasser en boucle les mots des professeurs.

« Votre fils ne fait aucun effort, ni dans le travail ni pour s'intégrer. »
Coup de poignard.
« Il a complètement décroché. »
Coup de poignard.
« Je suis au courant de la maladie de Léo et je comprends que la situation est compliquée pour votre famille. Concentrez-vous sur l'essentiel. »
Baume au cœur.
« Il a des problèmes avec ses camarades, il faut vraiment qu'il change pour que ça s'arrange. »
Coup de poignard.
« Son comportement est inadmissible. »
Coup de poignard.
« Votre fils est intelligent. Il n'est pas scolaire, mais ce n'est pas grave, il se débrouillera très bien dans sa vie d'adulte. »
Baume au cœur.

« Je ne peux pas admettre ce genre d'attitude dans ma classe. »
Coup de poignard.

Je conduis dans un état second, les enfants ne mouftent pas et se font oublier. Je suis en colère contre toutes ces personnes qui prennent mes fils pour des numéros. Ils attendent d'eux qu'ils soient parfaits, qu'ils ne parlent pas sauf pour participer, qu'ils soient calmes, mais moteurs pour la classe, qu'ils aient de bonnes notes tout en étant des camarades sympathiques. Le reste est interdit. Dans le moule ou rejeté, critiqué, jugé.

Je reconnais qu'ils ont raison sur plusieurs points. Le problème, c'est qu'à de rares exceptions près, j'ai eu l'impression d'être l'ennemie au lieu d'avoir face à moi des partenaires pour la réussite de mes adolescents. Seuls deux professeurs partageaient mon point de vue, que leur épanouissement personnel était aussi important que leur succès scolaire. Un enfant avec d'excellentes notes mais mal dans sa peau n'est pas plus enviable qu'un élève « moyen » heureux et équilibré.

Nous descendons de la voiture en silence. Je vais devoir parler aux garçons, néanmoins, je me laisse un peu de temps pour digérer tout ça. Et j'aimerais débriefer avec maman et Fatima, elles m'aideront à prendre un minimum de recul afin de conseiller mes petits rebelles avec plus de justesse.

J'ouvre la porte, ils montent sans un mot dans leurs chambres.

— On passe bientôt à table, préparez-vous.

J'entre dans la cuisine allumée et découvre ma mère, avachie à l'îlot central, entourée par Fatima. Squatteur est là également, c'est sérieux. Elle relève la tête et je vois ses yeux rougis. Dans le même temps, j'entends des coups résonner dans le garage.

— Il est rentré ?

Elle acquiesce, ses lèvres se pincent. Je la connais bien, elle se retient de dire ce qu'elle pense et j'en conclus qu'elle s'est disputée avec Antoine. À cette seconde, je sens la haine circuler dans mes veines. Je lui en veux d'avoir fait pleurer ma mère, qui est un roc. Le regard de Fatima est dur, comme je ne l'ai jamais vu.

Je vais nous servir du vin et apporte les verres. Nous trinquons :

— Au désastre de ma vie !
— Tchin !

46
Aélys

— Tu vas faire quoi pendant les vacances ?
— Rien de particulier. Et toi ?

J'essaie de cacher ma déception, j'aurais beaucoup aimé retourner chez Denise plutôt que de rester en tête à tête avec ma mère. Mon frère n'ayant pas d'enfants, il n'est pas prioritaire pour poser des congés en cette période. Je redoute ces deux semaines qui arrivent trop vite.

— Rien non plus. Walid ne vient pas ?
— Il ne peut pas, toute sa famille débarque chez lui.
— Je suis désolée.

Il hausse les épaules et nous regardons à travers la vitre du bus le paysage qui défile. Je suis déçue, j'aurais aimé revoir ce garçon si rayonnant. Je ne l'ai pas fréquenté longtemps, pourtant, il me manque. Un coup de coude me fait sursauter, c'est Léo qui m'indique qu'il faut descendre.

— Merci, au revoir.

J'ai murmuré. Je déteste cette coutume qui consiste à lancer cette phrase de politesse le plus fort possible pour que le conducteur l'entende. Ce n'est pas que je ne veux pas le remercier, mais quand il s'agit de la boulangère, par exemple, elle est juste en face de moi. C'est entre nous deux. Là, l'ensemble du bus en profite et avec ma petite voix, même en y mettant toutes mes forces, en général, elle reste imperceptible pour le chauffeur. Malgré tout, je n'ose pas omettre ce rituel et passer pour une fille impolie aux yeux des voyageurs.

— Ils t'ont lâché ?

Léo accélère le pas et je trottine pour le suivre. Je ne suis pas sûre qu'il me réponde, cependant, ça me travaille. Artus m'a confié qu'il lui avait parlé et qu'il s'était occupé du problème, sans toutefois m'en dire plus. Ça ne regarde que Léo. Je le comprends et je le respecte encore plus pour ça, mais quand même, je suis sa sœur et il s'agit de mon seul ami. Un garçon taiseux qui ne pensera pas à me rassurer.

— Oui. Tu pourras dire merci à ton frère.
— J'en suis heureuse.

Je suis sincère, je suis immédiatement allégée d'un grand poids, celui de l'inquiétude pour quelqu'un que j'aime. Je ne connaissais pas cette sensation et elle est horrible. Se sentir si impuissant, c'est affreux.

— Tu voudras quoi pour le goûter, ma puce ?
— Pareil que Léo, merci.

Tous les mercredis, à cette heure-là, Sandra pose la même question et je réponds de façon identique. Alexandre, lui – quand il est là – change à chaque fois, râle, exige. Je ne trouve pas ça sympa pour Léo, qui est obligé de suivre son planning. Je ne sais pas si mon ami se rend compte que j'essaie de le soutenir discrètement, à ma manière.

Je souffle pour chasser les résidus de la gomme et lève ma feuille pour examiner mon dessin.

— Tu en penses quoi ?

Abandonnant la contemplation de la fenêtre, Léo se tourne vers mon croquis et sourit en le découvrant.

— C'est magnifique, tu es très douée.
— Merci.

Je sens mes joues s'enflammer et je recule le moment de lui proposer de l'aide à nouveau. Il n'aime pas tellement ça, mais tout seul, il ne fait rien. Toujours dans la lune, il rêve pendant que le temps passe. Mes devoirs sont finis depuis déjà une heure alors que Léo est encore sur le premier exercice de mathématiques.

En attendant que Sandra nous appelle, je me reconcentre sur ce que j'ai dessiné. Pour la première fois, je suis plutôt satisfaite du rendu du visage. Subsiste mon souci avec les mains. D'après les recherches que j'ai faites, je ne suis pas la seule. Est-ce qu'il vaudrait mieux la représenter mains dans les poches pour éluder le problème ? Je grimace, ce n'est pas mon habitude et je vois mal Denise dans cette position, mais je tiens vraiment à lui offrir pour Noël et la date approche. Il me reste toute la mise en couleur à faire et c'est une étape délicate.

— Oh ! C'est maman !

Je sursaute, je n'avais pas entendu Sandra se glisser derrière moi. Elle se penche pour examiner mon dessin et me sourit.

— C'est superbe, Aélys !

— Merci. C'est pour la remercier de m'avoir prise en vacances et de s'être occupée de moi quand j'ai eu la grippe.

— Elle va être ravie.

— C'est pour Noël, vous ne lui dites rien, hein ?

— Je serai une tombe, me promet Sandra en faisant mine de fermer sa bouche et de jeter la clef. Allez, venez manger !

Je souris et nous la suivons dans la cuisine après avoir pris soin de cacher ma surprise pour éviter que Denise ne tombe dessus par hasard.

J'y retrouve avec plaisir Samia et Fatima, installées avec la grand-mère de Léo.

— Gargouillette, il va falloir que tu m'expliques ! s'exclame sa meilleure amie, poings sur les hanches.

Les compliments reçus juste avant, l'ambiance joyeuse du repas, ce drôle de surnom, l'attitude exagérée de Samia et la trace de mousse au chocolat au coin de ses lèvres me poussent à me libérer, à rigoler franchement. Peu habitué, mon camarade me regarde d'un air surpris et ça amplifie mon rire qui se communique petit à petit à notre belle tablée. Même lui s'y met.

— Ah, ça fait du bien ! soupire Sandra en me déposant un baiser sur le front.

— Oui, mais ne crois pas que je vais oublier ce que je voulais te dire.

— Nous sommes tout ouïe.

— Où est ton sapin ?

Le sourire de Sandra se fane et je lui presse la main. Je souhaite lui montrer que je peux aussi être là pour elle. Elle représente déjà tellement pour moi.

— On n'a pas eu le temps. C'est cependant prévu, Antoine doit l'acheter ce week-end, intervient Denise.

La mère de mon ami la regarde d'un air étonné. Vu ce que je connais du papa de Léo, je serais bien surprise qu'il fasse quoi que ce soit…

— Ah non, on ne peut pas mettre le sapin après le début des vacances ! Ma chérie, appelle mon gendre.

— Bonne idée, maman, je sors pour téléphoner.

Samia se précipite dehors pendant que Fatima demande la clef de la cave pour y chercher les décorations. Nous nous y retrouvons tous et commençons à farfouiller dans les cartons pour choisir le thème de cette année. Ils ont tellement de guirlandes, de boules et de différents accessoires de toutes les couleurs que la sélection est difficile. Samia nous rejoint au pas de course, en amenant une odeur de cigarette qui fait froncer de façon inconsciente le nez de Sandra.

— Donato arrive, il nous dépose la princesse et file à la jardinerie. Des volontaires pour l'accompagner ?
— Moi !

J'ai crié en levant la main et je n'en reviens pas. Avant de le dire, je ne savais pas que je voulais y aller. Je suis tellement bien ici avec les autres à tout préparer. Mais je n'ai jamais été choisir un sapin de Noël. Artus le fait toujours seul.

— Je viens aussi.

Je susurre un merci à mon ami, j'aurais été très mal à l'aise en tête à tête avec Donato que je n'ai rencontré qu'une fois.

— En attendant, on va s'occuper de l'extérieur ! s'exclame Fatima.

Je bats des mains, contaminée par l'humeur festive. Elle me demande de choisir deux décorations à installer et après de longues hésitations, je désigne un traîneau tiré par des rennes et un père Noël lumineux. Il n'y a pas plus cliché, mais ce sont mes préférés.

Nous sommes en train d'admirer notre travail quand la sonnette retentit.

— Bonsoir.

— Bonsoir, Artus, entrez, lui dit Sandra, qui est allée ouvrir.

— On vient juste de tout finir, c'est beau, hein ?

Il est tard, j'ai envoyé un texto à mon frère tout à l'heure pour lui demander de me raccompagner. J'aurais été très triste de devoir partir en plein milieu de la mise en place des décors. Et je suis ravie de partager ce moment avec lui. C'est à peine croyable d'avoir obtenu ce résultat en quelques heures seulement. Tout le rez-de-chaussée est magnifique. C'est un festival de couleurs, de lumières. L'esprit de Noël est vraiment là, je ressens pour la première fois l'attraction de cette fête familiale au milieu du clan de Léo. J'observe Artus qui déglutit avec peine. Lui non plus n'a jamais vécu ça. Je glisse ma petite main dans la sienne.

— Magique.

Il s'approche de Sandra, la prend dans ses bras. Malgré sa surprise, elle se laisse faire et l'entoure en réponse. Étonnée, je me rends compte que mon frère si solide n'est qu'un enfant qui a grandi trop vite et qu'il manque lui aussi cruellement d'amour.

— Bien entendu, vous êtes disponibles tous les deux le 24 au soir pour passer les fêtes avec nous ? demande Donato.

— Nous ne voulons pas déranger, bafouille Artus, décontenancé.

— Avec nous, les amis font partie intégrante de la famille. Je ne suis moi-même qu'une pièce rapportée. Le mari de la sœur de cœur de Sandra.

— Ma puce ?

Suite à la question d'Artus, tout le monde se tourne vers moi et je me rends compte en même temps qu'eux que j'ai les joues mouillées. Léo me prend la main et j'observe nos doigts emmêlés. Je ne me suis jamais sentie aussi à ma place qu'avec ces personnes que je ne connaissais pas il y a quelques mois. Elles m'acceptent telle que je suis, inconditionnellement, et sont prêtes à également accueillir mon frère. À travers mes larmes, j'amorce un sourire qui donne ma réponse.

— Câlin collectif ! On ne va quand même pas tous chialer dans notre coin !

Samia et son tact légendaire se sont exprimés. En quelques secondes, je suis entraînée au milieu de bras, je ne sais pas à qui ils appartiennent, mais ce n'est pas important. La seule chose qui compte, ce sont les papillons que j'ai dans le ventre. Cette délicieuse sensation.

47

Antoine

J'ai profité de ma pause ce midi pour programmer le réveil de mon portable. Il a sonné juste à temps pour que je m'esquive quelques minutes avant que Fred ne prenne son poste. J'ai besoin d'être seul pour réfléchir et je marche dans la nuit de Toulouse, insensible aux illuminations.

Quand je suis rentré hier soir, j'ai découvert la maison décorée pour Noël. Une bouffée de haine m'a envahi, j'avais envie de hurler sur toutes ces personnes qui soi-disant m'aiment, mais qui font les choses derrière mon dos. Elles auraient pu m'attendre, non ?

Donato est mon meilleur ami depuis dix ans, depuis qu'il a rencontré Samia. Le contact est tout de suite passé entre nous et les filles. Étant inséparables, nous nous sommes rapprochés jusqu'à tout partager. Dès qu'il m'a vu entrer dans le salon, il a bondi du fauteuil, m'a attrapé par le bras et m'a sorti de force.

Nous nous sommes disputés et je préfère ne pas repenser à tous les mots qu'il m'a balancés. Samia, au moins, écoute Sandra ; lui m'a accablé de reproches. Tu parles d'un meilleur ami !

J'ai envie de hurler, de crier ma rage à la terre entière. J'accélère le pas jusqu'à me mettre à courir, une façon comme une autre de canaliser cette haine qui déferle en moi.

Pour tout le monde, je ne suis qu'un lâche et un connard qui laisse tout le sale boulot à sa pauvre femme. Ils sont mignons à donner des leçons avec leur famille parfaite ! Une compagne aimante contre une épouse anéantie. Des gamins drôles et souriants contre des ados ingérables qui me font comprendre à quel point ils me trouvent minable dès que j'ouvre la bouche ou que je fais quelque chose.

Quand je me retrouve seul avec Sandra – et c'est de plus en plus rare depuis que ma belle-mère et Fatima sont à la maison –, c'est pour qu'elle parle des gosses. Ses inquiétudes pour son poussin qui fait juste sa crise d'adolescence, comme les autres. Son angoisse démesurée pour Léo qu'elle imagine mort en permanence alors qu'il suffit qu'il prenne son traitement pour vivre une belle vie. D'accord, c'est un peu galère, mais il y a des gamins qui ont des maladies plus graves et ne survivent pas. Elle les étouffe, trouve toujours des justifications à leur attitude et c'est elle qui est en train de les pourrir. Si elle me laissait gérer ça, on n'en serait pas là.

À bout de souffle, je m'arrête et pose mes mains sur mes genoux. Je me rends compte que je suis près de mon lieu de rendez-vous hebdomadaire. Je ne veux pas y penser maintenant, la culpabilité me ronge. Des yeux, je cherche une bouche de métro et m'y engouffre après l'avoir repérée. Je calcule que si je roule pendant deux à trois heures, je ne croiserai personne en rentrant.

48

Scuatteur

C'est le début des vacances et je suis inquiet. L'état émotionnel de Léo oscille dangereusement, malgré la présence de tous ses proches. Ces dernières semaines, il y a des moments où il va mieux, où je reprends espoir. Cependant, il retombe systématiquement dans son repli et sa colère, qui devient de plus en plus forte. Si c'est une bonne chose qu'elle sorte, elle s'exprime de façon chaotique. Il refuse toujours de communiquer sur sa peur de mourir, sur le poids que son traitement fait peser sur ses épaules, sur sa culpabilité d'être une charge pour sa famille. Je sais tout ça, car je capte ses rêves et ses émotions. En les mettant en perspective avec ce que j'observe au quotidien, ça me semble évident. Mais lui n'a pas encore le recul nécessaire sur ce qu'il ressent. Il se laisse envahir par ses pulsions destructrices, uniquement conscient de l'injustice de sa situation. Il projette tout sur son frère, qui lui, n'est pas malade.

Je profite du départ de Denise pour me faufiler entre ses jambes. J'ai rendez-vous avec l'ange d'Aélys.

Si nous nous sommes déjà rencontrés une fois, le temps est passé très vite et nous avons convenu de nous retrouver rapidement pour échanger des informations qui pourraient nous aider avec nos protégés.

— Salut.

— Bonjour, Squatteur.

Nous nous abritons dans la haie du petit parc à mi-chemin entre nos deux maisons et commençons à parler de nos humains. Il est lui aussi un ange expérimenté et prend très à cœur son travail. J'apprends avec stupeur qu'il a toujours lu ses ordres de mission en entier. Je me demande s'ils nous associent en fonction de nos personnalités. Einstein et Aélys sont du genre premier de la classe, tandis que Léo et moi en faisons le minimum. Enfin, si je fais l'impasse sur la paperasse, je me suis constamment impliqué à cent pour cent avec mes protégés. Peut-être que quand mon bonhomme trouvera sa voie, il fera les efforts nécessaires pour ce qui lui plaît.

Je reporte mon attention sur mon collègue. Son arrivée a grandement aidé Aélys, qui allait très mal.

— ... tu comprends, elle est différente. Entre son père qui l'a abandonnée et sa mère...

Je suis captivé, j'aime beaucoup cette enfant et je sentais bien qu'elle avait une sensibilité particulière.

D'un coup, une idée me vient et je coupe brutalement ce qui pourrait être le rapport de mon confrère.

— Mais j'y pense ! C'est une artiste, ta protégée. Tu crois qu'elle descend d'une lignée de sorciers ?

— Assurément, notre lien est très fort. Elle n'a commencé à dessiner que cette année, toutefois, j'ai aussitôt constaté son don. J'ai envoyé une demande de confirmation, j'attends la réponse.

Beaucoup de créatifs sont les héritiers d'un soupçon de magie. Donner vie à une œuvre et permettre au public d'oublier le monde réel pendant un instant est presque surnaturel. Souvent, lorsqu'on est totalement embarqué par un tableau ou un livre, on ne se l'explique pas. On parle d'un « truc en plus ». C'est la seule manifestation qui s'exprime encore de la féerie d'autrefois. Tous les artistes ne descendent pas de sorciers, mais la plupart des écrivains ou peintres célèbres, si.

Nous sommes toujours un tantinet excités quand nous découvrons que notre compagnon porte une part infime de magie, cependant, nous n'en sommes jamais informés au préalable. Si nous pensons être confrontés à cette situation, nous devons faire une demande de confirmation afin d'adapter notre protection. Avec eux, nous pouvons aller plus loin, être actifs dans leur processus créatif en envoyant des images et de l'énergie à l'artiste au travail. Notre lien est plus fort. Le fait d'avoir été prévenu pour Léo est vraiment un cadeau. Je m'interroge. Sera-t-il peintre, musicien ou écrivain ? J'ai déjà ma petite idée, que je décide de garder pour moi.

— ... du bien à Aélys, pour autant...

Je me fige d'un coup et Einstein s'interrompt. Je ressens d'une façon très forte la colère et la détresse de mon protégé. Je bondis sur mes pattes tandis que des flashs lumineux explosent dans ma boîte crânienne.

— Il a besoin de moi !
— Fonce !

Je cours aussi vite que je le peux, le sentiment d'urgence m'étreint. Il n'est pas en danger de mort comme quand Brunissende s'est retrouvée sur le bûcher, néanmoins, ses émotions n'ont jamais été si violentes. Il a perdu le contrôle et j'ai peur qu'il ne fasse une bêtise irréparable.

J'arrive enfin en vue de la maison, mes pattes me brûlent. J'aperçois Alexandre et Denise devant le portillon. Je cherche Fatima avant de me rappeler qu'elle garde Elena ce matin et est donc chez Samia. Denise est au téléphone et semble agitée. Le grand frère de Léo est assis sur le trottoir, recroquevillé. Je m'approche de lui et sens sa peur, accompagnée de la sensation d'avoir été trahi.

— Elle arrive, ça va aller, mon poussin.

Le maquillage de sa grand-mère coule, elle n'est qu'incompréhension. Je me dirige vers la maison, mon protégé est à l'intérieur. Malheureusement, je ne peux pas le rejoindre, tous les accès sont fermés. Je tourne en rond, inquiet. La crise n'est pas finie, il a besoin de moi. Mais est-ce que je parviendrai à le calmer ?

49
Sandra

Je pénètre dans le bureau de ma patronne qui est occupée à faire les comptes.

— Martha, il faut que je parte, je suis navrée.

— Un problème avec votre fils, je présume.

— Oui.

Elle attend. Malgré sa demande implicite, je ne peux pas développer, encore sous le choc de ma brève conversation avec maman.

— Vous avez vu l'heure qu'il est ?

— Je suis désolée.

— Pas autant que moi. Le magasin va bientôt ouvrir et je suppose que vous ne serez pas revenue ce midi.

J'ai envie de lui tordre le cou. Depuis quelques semaines, elle n'arrête pas de me faire travailler en dehors de mes horaires convenus. Par exemple ce matin, très tôt, pour un inventaire intermédiaire. Je suis partie quand toute la maison dormait encore. Elle n'a pas demandé à la nouvelle de venir. La nouvelle qui a des coupures de plus de deux heures le midi tandis que j'affronte seule la masse de clients qui fait du lèche-vitrines sur la pause déjeuner. La nouvelle qui a un enfant petit et qui a parfois des impératifs que je compense.

— Je ne pense pas, non.

— Ce n'est plus gérable pour moi. J'ai conscience que ce n'est pas de votre faute, cependant, votre fils n'est plus un bébé.

Elle me fait perdre mon temps. Je n'ai qu'une envie : détaler et rejoindre mes garçons. Tirer la situation au clair.

— Vous n'avez rien à dire ? reprend-elle.

— J'attends de savoir où vous voulez en venir.

— Si vous partez, il ne sera pas nécessaire de vous présenter au magasin demain.

— Tant que je n'aurai pas la notification officielle de mon licenciement, je serai présente.

Je tourne les talons sans un regard de plus vers cette femme qui me fait culpabiliser depuis des années sur mon peu d'investissement au travail alors que je me donne à fond quand je suis là. Qu'elle ne pense pas m'avoir, je ne lui simplifierai pas la tâche avec un abandon de poste. Je prends à peine conscience que je viens de perdre mon emploi tellement je suis focalisée sur mes enfants.

Je suis assise à côté de mon poussin qui pleure toutes les larmes de son corps. Plus d'adolescent rebelle, juste mon bébé qui a besoin de moi. Ma mère fait les cent pas sur le trottoir.

— Calme-toi, maman.

— Je m'en veux tellement. Je n'aurais jamais dû quitter la maison.

— Ils dormaient et tu es allée chercher du pain, tu n'as rien à te reprocher.

Je suis sincère, je ne lui en tiens pas rigueur. Je ne ressens qu'un grand vide intérieur, l'impression d'être un champ de ruines après le passage d'un ouragan.

Je caresse les cheveux de mon fils, me concentre sur sa respiration et le berce en chantant notre comptine. C'est presque pathétique, mais je suis complètement démunie. Je suis prête à tout pour protéger mes garçons. Sauf que rien ne m'a préparée à vivre cette situation. Comment agir quand c'est son autre enfant qui s'en prend à sa chair ?

— Il faut faire quelque chose, maman, geint mon poussin.

— Je sais, mon cœur, je sais.

Mais quoi ? Le punir ? Je n'ai jamais réfléchi à une sanction adaptée pour menaces de mort.

— J'ai vraiment cru qu'il allait me tuer.
— Là, là, ça va aller.
— Non ! Arrête de dire ça ! Je ne veux plus vivre avec lui. Il est ingérable. Tu dois me protéger.

Alexandre me transperce de son regard. Comment lui expliquer que je ne peux pas mettre son frère dehors ? Qu'il doit lui aussi souffrir énormément pour en être arrivé à cette extrémité.

— On va en parler avec ton père et trouver une solution.
— Papa ? Tu rigoles ou quoi ? Il n'est jamais là.
— Pour vous, il sera présent.
— Non. Il en a rien à foutre.
— Il vous aime.
— Peut-être Léo, mais pas moi ! Quand t'étais pas à la maison, pendant les vacances, ben lui non plus. Il s'en fiche de moi je te dis !

Il s'est levé, il hurle toute sa colère. Je prends sur moi, je la comprends et j'admets qu'elle doit sortir.

Je regarde maman qui s'est arrêtée, décontenancée. Elle brandit son téléphone et hausse les sourcils. Est-ce qu'elle doit appeler mon mari ? Je n'en sais rien. Je n'en peux plus de décider à chaque fois. D'assumer seule la responsabilité de mes erreurs. Si je le dérange et que tout rentre dans l'ordre, il me reprochera d'avoir exagéré la situation. Si je ne dis rien maintenant et que la journée empire, il m'en voudra. J'aurai faux quoi que je fasse. Qu'est-ce que je souhaiterais à sa place ?

Être tenue au courant, oui. Cependant, une part de moi aimerait ne rien savoir, être ailleurs et ne pas vivre ça. Ne pas être assise par terre, à penser à ma famille qui vient d'exploser en plein vol. J'ai le sentiment que je n'arriverai pas à recoller les morceaux cette fois-ci. C'est trop grave.

— Qu'est-ce qui a déclenché sa... ?

Je cherche mes mots et Alex éclate d'un rire hystérique.

— Sa quoi ? Sa petite crise ? Qu'on va lui pardonner parce que le pauvre chéri est malade ? Qu'est-ce que ça peut foutre ce qui lui a fait péter les plombs ? Tu veux me dire que c'est ma faute peut-être ?

Piquée, je me lève. Je n'en peux plus d'être le punching-ball de cette famille. J'ai envie de hurler.

— Je n'ai jamais dit ça ! Il faut que je comprenne pour agir. Pour te protéger. Que ça ne recommence jamais.

— T'as qu'à l'enfermer chez les fous ! Point barre.

Il se laisse tomber au sol et je me rassieds, il se love contre moi. Je patiente quelques minutes, il lui faut un peu de temps. Je ressens le besoin d'aller voir mon petit chat. De vérifier qu'il va bien. Enfin, autant qu'il se peut étant donné la situation. Néanmoins, je n'ose pas abandonner mon poussin qui le vivrait comme une trahison supplémentaire. Si je demande à maman d'y aller, il va mal le prendre aussi. Et aujourd'hui, c'est lui la victime. Je dois le préserver. Léo attendra et je vais museler mon angoisse. Les miaulements de Squatteur devant la porte ne m'aident pas, je fais tout pour ne pas entendre son inquiétude pour son petit maître.

— Je lui ai dit de se lever. Vu que les mamies et toi vous étiez pas là, j'avais peur qu'il rate l'heure de son injection.

J'aurais dû être présente. Ce n'était pas à lui de gérer ça.

— Il a pété un plomb.

Sa voix se brise, il ne peut pas continuer pour l'instant. J'accentue mon câlin, ma façon de le soutenir.

— Tu es prêt pour rentrer ?

Il secoue la tête négativement, je pense à sa porte défoncée à coups de pied. Heureusement, sa grand-mère est arrivée au moment où il se réfugiait dans la rue, et dans la panique, il lui a tout raconté.

— Je vais appeler Donato, on va réparer ta porte sans attendre. Il va aller en acheter une et mamie et moi la poserons tout de suite. Dans la matinée, c'est réglé.

Je sais que le mari de Samia viendra dans l'heure si je lui demande. Maman et moi sommes assez bricoleuses pour nous débrouiller seules, mais je ne veux pas m'absenter pour récupérer le matériel nécessaire.

Pour ne pas perdre de temps, je sors mon téléphone et appelle mon ami.

— Salut, c'est Sandra.

— …

— Pas vraiment. J'ai besoin d'une nouvelle porte le plus vite possible. Tu peux t'en charger, s'il te plaît ?

— …

— Merci.

Comme je m'y attendais, il s'en occupe immédiatement sans même me poser de questions. Que je lui demande ça en urgence lui suffit.

50

Denise

J'observe ma fille et mon poussin en me sentant complètement impuissante. Antoine m'a appelée pour aider ma famille et j'ai l'impression que c'est de pire en pire.

Suite à l'indécision de Sandra à ma question muette, j'ai envoyé un texto à mon gendre pour lui résumer la situation. Silence radio.

Alexandre pleure, ma chérie est aussi blanche qu'un linge et semble sur le point de s'écrouler tandis que ce maudit chat miaule comme un forcené devant la porte. Sandra attire son fils dans ses bras et articule « Léo » à mon intention. Bon sang ! Plutôt que de faire les cent pas ici, j'aurais au moins pu aller le voir !

Je me précipite dans la maison et Squatteur fonce dans la cuisine. En fait, il ne voulait que manger. À l'instar du reste de la famille, j'avais fini par croire qu'il était différent. Je grimpe les marches lentement. J'ai peur de me retrouver face à Léo. Je ne sais pas comment réagir. Le consoler ? Le gronder ?

Je frappe au battant de sa chambre, mais il ne répond pas. Depuis que je vis avec eux, j'ai appris qu'il vaut mieux éviter d'y pénétrer sans autorisation s'il n'est pas d'humeur.

— Mon petit chat, c'est mamie. Je peux entrer ?

Je regarde ma montre, attends trente secondes et recommence.

J'ai perdu le compte quand j'entends la porte du bas s'ouvrir à nouveau. Je me précipite au-devant de l'escalier.

— Sandra ? Léo ne répond pas.

51

ALEXANDRE

Je n'arrive pas à croire qu'à peine rentrée, maman me lâche pour rejoindre mamie en haut. Tout ça pour Léo. Encore lui. Pendant qu'elle était dehors avec moi, je suis sûre qu'elle ne pensait qu'à son pauvre chaton. Qu'elle estime avoir perdu son temps avec moi.

Je m'enferme dans ma chambre et allume ma musique au moment où elle parle de Squatt. Même lui n'est pas venu me voir. C'est l'animal de Léo depuis le début. Rien à foutre de moi.

J'attrape mon sac pour le bahut, en renverse le contenu sur le lit et y fourre des fringues. Si je me barre, personne ne s'en rendra compte. Ici, personne ne me protège. Je serai aussi bien sans eux.

J'entends mamie hurler par-dessus la musique et sans même y penser, je me précipite dans la cuisine.

La porte du garage est ouverte.
Mes pieds avancent seuls tandis qu'un grand froid m'envahit.

La première chose que j'aperçois, c'est maman avec une seringue à la main.
Puis le corps de mon frère allongé au sol.
Ma mère se tourne vers nous, ravagée.
Le visage de chaton est visible.
De la blancheur d'un linge.
Est-ce qu'il est mort ?
Je tombe à genoux, un immense trou dans la poitrine.
Maman se précipite vers moi et m'agrippe par les bras.

— Est-ce qu'il a fait son injection d'insuline ?

Je secoue la tête. Mon cerveau est recouvert d'une brume noire. Je ne sais plus.

52
Sandra

Je relâche Alexandre et retourne près de mon bébé pendant que maman me prévient que les secours sont en route.

Vite, vite. Je ne peux pas le perdre.

Il reprend doucement connaissance et j'essaie de lui faire boire du jus de fruits. Il n'arrive pas à avaler, j'ai l'impression que tout se répand à côté.

— Ça va aller, mon petit chat, je suis là.

Je sens sa main glisser sur mon bras et retomber.
Mon Dieu, faites que je ne l'aie pas trouvé trop tard !
Que l'injection le sauve !
Ses yeux papillonnaient quand j'ai tenté de le réveiller. Il n'est pas dans le coma. Je me raccroche à ça.
Jamais encore nous n'avons utilisé ce médicament d'urgence[10].
Est-ce qu'il va suffire ?
Que font les pompiers ?

---

[10] Il s'agit de glucagon, une hormone pancréatique qui augmente le taux de sucre dans le sang.

J'ai l'impression qu'il reprend des couleurs petit à petit, toutefois, la lumière artificielle du garage n'est pas fiable.

Comment a-t-on pu en arriver là ?

Je chasse mes émotions et me concentre sur la respiration de Léo. Est-ce que je dois refaire un HGT[11] ?

Des mains me poussent doucement, mais avec fermeté. Les secours ! Je ne me suis rendu compte de rien.

— Madame ! Madame, vous m'entendez ?

La voix du pompier me parvient assourdie. Je dois lui répondre, il en a besoin pour aider mon chaton.

— Je l'ai trouvé inconscient au pied du sac de frappe.

— Vous savez ce qu'il faisait là ?

— Il s'était disputé avec son frère et...

— Noooooooooon.

Le cri de détresse de mon poussin me coupe les jambes. Une femme m'empêche de tomber et m'entraîne dans la cuisine tandis que ses collègues mettent Léo sur un brancard.

— Ça va aller, madame, concentrez-vous.

---

[11] L'HGT (hémoglucotest) est la méthode qui permet aux diabétiques de mesurer leur glycémie capillaire en se piquant le bout du doigt. C'est un contrôle à effectuer plusieurs fois par jour, notamment au moment des repas afin d'adapter la dose d'insuline à injecter.

Je ne vois plus maman et Alexandre, j'espère qu'ils sont ensemble, qu'elle va rattraper ce que j'ai dit, ce que ça implique. Je m'en veux terriblement.

— Il a dû boxer sans prendre de sucre, emporté par sa colère.
— Ça lui arrive souvent ?

Je secoue la tête. Normalement, je suis là. Il s'énerve sur moi et n'a pas besoin d'aller se dépenser physiquement. J'étais si près, devant la maison, pendant que lui…

— Vous pouvez m'indiquer son HGT ?
— 0,30.

Des données, il leur faut des informations. Je la vois déglutir, elle sait comme moi ce que ça signifie. Il est revenu, mais de justesse.

— Il a papillonné faiblement des yeux. J'ai fait l'injection d'urgence. Il reprend conscience doucement et bouge légèrement.
— C'est bien, madame, vous avez fait ce qu'il fallait.

Elle me pose la main sur le bras et se lève.

— Je n'ai pas réussi… Le jus, il a recraché.

Parler m'est difficile. Les mots ne viennent pas, ma gorge est sèche.

— On l'a perfusé, ça va aller maintenant.

Elle s'apprête à rejoindre Léo quand mon poussin arrive et lui tend le carnet de suivi de son frère. Malgré tout, la situation, ce que j'ai dit, il fait passer – comme toujours – petit chat avant lui. Elle le remercie d'un sourire et s'éloigne à grands pas. J'ai juste le temps d'apercevoir les larmes d'Alex avant que maman ne l'emprisonne de ses bras en me faisant signe de foncer, le visage grave.

On m'aide à aller jusqu'au camion où la vision de Léo est examinée.

— Ça revient ! On est prêts à partir. Vous venez, madame ?

53

Antoine

Je me cramponne au tableau de bord tandis que Donato freine brusquement devant l'hôpital.

— Fonce ! Je cherche une place et je te rejoins.

Je bondis hors de sa voiture et sprinte jusqu'à l'accueil des urgences. Sans aucune considération pour la longue queue s'étirant devant le guichet, je double tout le monde, oubliant ma politesse. Mon cœur menace de sortir de ma poitrine tellement il cogne fort. J'avise l'infirmière et hurle presque :

— Mon fils a fait une crise d'hypoglycémie sévère !

Un de ses collègues surgit à mes côtés et m'entraîne avec douceur dans les minuscules chambres transitoires. Sandra est là, assise dans un fauteuil. Elle tient la main de Léo, le regard vide. Sa tête ne pivote même pas à mon entrée.

Prudent, je m'approche de mon petit chat, relié de partout, quand un médecin arrive.

— Bonjour, vous êtes le papa ?

— Oui, comment va-t-il ?

— Il va s'en sortir, par contre, il va rester quelques jours avec nous. Dès que son état sera stable, nous le transférerons en diabétologie.

— Merci, docteur.

Soulagé, je m'adosse au mur et cherche mon téléphone pour prévenir Fred. Il n'est dans aucune poche, j'ai dû le laisser au bureau quand Donato a déboulé comme un fou en hurlant que les pompiers avaient emmené Léo. Visiblement, Sandra l'avait appelé pour qu'il achète une nouvelle porte. Il a découvert la situation à son retour du magasin de bricolage. Denise lui a tout expliqué et rien que d'y penser, mon sang se glace.

Mon fils semble si fragile, minuscule dans ce lit d'hôpital.

J'attends, c'est tout ce qu'il me reste à faire.

54
Sandra

Je regarde mes mains qui me semblent déformées. Les sons me parviennent étouffés.

Le médecin est dans la pièce et nous parle de la situation.

— ... volontaire ?

— ...

— ... automatismes... ignorer... alerte...

Seuls quelques mots traversent le brouillard qui m'entoure.

Je sens qu'on me secoue, mais il m'est impossible de bouger, je n'en ai plus la force.

Ce n'est pas important, l'unique chose qui compte, c'est Léo, et il est en sécurité maintenant.

Eux sauront s'en occuper.

Mieux que moi.

55

Denise

Léo s'est endormi avant même que le médecin ne passe. Il n'est pas étonné, la gravité de son malaise peut expliquer cette fatigue intense. Il va lui falloir du temps pour récupérer.

Il y a eu beaucoup de questions, le diabète de Léo étant bien traité depuis de nombreuses années.

Chaton ne pouvait pas ignorer les conséquences.

Antoine est dévasté et fou de rage, j'ai cru qu'il allait tout casser dans la chambre au moment où le docteur a insinué qu'il pouvait s'agir d'un appel à l'aide. Il rejette cette idée en bloc pendant qu'elle fait son chemin dans ma tête. Léo est malheureux, il est impossible de ne pas le voir. Malgré tout notre amour, notre présence, ça ne lui suffit pas. Quand vivre paraît insurmontable...

Je frissonne et regarde ma fille, toujours immobile, assise droite sur le fauteuil près du lit. Elle ne réagit pas aux paroles du médecin. J'espère qu'elle n'a pas entendu, protégée dans son monde. Sa culpabilité et sa douleur seront encore plus fortes si le docteur a raison. Elle ne tiendra pas. Ma toute belle, mon bébé.

Le diabétologue nous laisse, un psychiatre prend le relais. Il s'entretient avec mon gendre tandis que je n'arrive pas à parler, je suis anéantie.

— Madame, vous m'entendez ?

Le praticien essaie sans succès d'attirer l'attention de Sandra, qui ne bouge pas. Il n'obtient même pas un clignement des paupières. Le médecin s'accroupit pour être à son niveau et s'efforce de communiquer avec elle. Mes yeux captent le mouvement que fait Antoine en quittant la pièce et je reste seule avec mon chaton endormi, ma puce traumatisée et le docteur qui m'interpelle, l'air grave.

— C'est elle qui l'a trouvé ?

— ...

Les mots ne sortent pas, je hoche la tête et les larmes que je retenais débordent. Il m'attrape par le coude et me guide au fauteuil à côté du second lit qui est, heureusement, vide. Malgré mes efforts pour me rappeler son nom, celui-ci m'échappe. Je suis pourtant persuadée qu'il s'est présenté en arrivant.

— Asseyez-vous, respirez doucement. On a tout le temps. Quand vous vous en sentirez capable, dites-moi tout ce que vous pouvez au sujet de votre fille et de Léo. Même si ça vous semble hors contexte.

J'écoute sa voix apaisante, j'observe sa blouse ouverte et je m'interroge sur le type de patients qu'il peut avoir dans un hôpital.

— Elle a toujours peur pour lui depuis qu'il est malade.

Je ferme brutalement la bouche. Je ne sais pas ce qui me prend de raconter ça. Je devrais me concentrer sur ce qui s'est déroulé à peine quelques heures plus tôt.

— C'est très bien, continuez.

— Il… C'est compliqué pour lui. Walid a déménagé, l'entrée au collège…

— Évidemment. Rassurez-vous, nous avons l'habitude. Souvent, les gens pensent que les diabétiques de type 1, malades depuis longtemps, ont acquis des automatismes et que rien ne pourra enrayer la machine. C'est qu'ils ont oublié leur adolescence et la puissance que ça peut avoir.

— Il est encore si petit, il a onze ans, pas quinze.

— Mais il a l'âge où l'on commence à se projeter dans l'avenir. C'est déjà une période compliquée pour n'importe quel enfant. Alors avec une pathologie incurable, bien que sous contrôle, ça peut paraître insurmontable. Il fait des difficultés pour se soigner ?

— Oui.

— Toutes les injections ? Les tests aussi ?

— Oui et oui.

— Au collège également ou uniquement à la maison ?
— Juste chez nous, à ma connaissance.

Au fur et à mesure que je réponds à ses questions, j'ai l'impression qu'il peut nous comprendre, nous aider et je me sens plus rassurée.

— Qui gère tout ça ?
— Ma fille, beaucoup. J'essaie de l'assister autant que possible. Ça fonctionnait bien au départ, mais maintenant, il réclame sa mère et la rejette dès qu'elle arrive. Sa nanna a un peu plus de succès. On tente de soulager Sandra le plus possible. Ah, et le chat !

Quand je vois sa tête, je me dis que j'aurais mieux fait de me taire.

— Le chat ?
— Oui, il a enregistré l'heure des injections et miaule devant l'armoire à pharmacie jusqu'à ce qu'il prenne son traitement.
— Eh bien ! Léo a de la chance d'avoir un compagnon qui tienne autant à lui. Il est de plus en plus répandu dans ma communauté qu'un animal peut beaucoup aider. Certains professionnels de santé, surtout ceux travaillant avec des enfants, se dotent désormais d'un confrère à quatre pattes.

Mes larmes se remettent à couler en pensant à la méfiance que j'avais pour Squatteur.

— Désolée, c'est juste que j'étais opposée à l'adoption de cet animal. Ça ne date que de quelques mois.

— Vous vivez avec eux ?

— Peu après la rentrée scolaire, Antoine m'a invitée pour un week-end. Devant les colères incessantes de Léo, Sandra se repliait sur elle-même. Je suis restée, au vu de la situation.

— Il y a donc vous, votre fille, votre gendre, Léo et le chat.

— J'ai demandé à Fatima, qui est comme une seconde mère pour Sandra, de nous rejoindre il y a à peine quelques jours. Et bien sûr, Alexandre.

— Le grand frère avec lequel il s'est disputé, c'est bien ça ?

Je hoche la tête prudemment. Dois-je indiquer au psychiatre qu'il s'agissait plus que d'une banale querelle ? Je n'ai pas écouté et du coup, je n'ai aucune idée de ce qu'a bien pu raconter Antoine. Pour ce qu'il en sait...

— Vous pouvez m'en dire plus ? Cette dispute, ça devait être grave pour mettre Léo dans un état pareil.

— Je... je... hoqueté-je.

Il se lève, va remplir un gobelet en plastique au lavabo de la petite salle de bains de la chambre et revient face à moi. Je bois et le remercie. J'inspire profondément et lui raconte tout, sans omettre ma responsabilité dans ce drame.

Pendant ce temps, il jette de fréquents regards à Sandra qui reste toujours aussi inerte. Mon cœur de maman saigne.

— Je crois que votre fille est en état de choc. Elle s'est comme retirée en elle-même parce que c'était trop difficile à gérer. La réalité serait trop douloureuse. Seriez-vous d'accord pour que je la transfère dans l'unité psychiatrique le temps qu'elle se remette ?

— Elle ne serait pas mieux ici ? Il y a un lit vide...

— Nous sommes dans un service pédiatrique et je préférerais que Léo la voie quand elle sera... plus en forme.

Je pense à mon chaton qui va forcément culpabiliser s'il découvre l'état dans lequel son malaise a mis sa mère.

Désemparée, je donne mon accord. Le médecin se lève et se rapproche de Sandra. Il lui parle, lui explique la situation. Cette absence de réaction est trop difficile à supporter. Ma petite fille si pleine de vitalité...

Je ferme les yeux et fredonne une chanson en sourdine, comme quand j'étais gamine et que je croyais qu'il y avait des monstres dans ma chambre.

Un hurlement fait bondir mon cœur dans ma poitrine et je découvre avec horreur Sandra se débattre. Elle donne des coups de pied et griffe le médecin. Elle qui a toujours été si douce semble possédée. Des renforts arrivent et aident le docteur à maîtriser ma fille qui réintègre son fauteuil et n'en bouge plus. À la voir immobile, on ne se douterait pas de ce qui vient de se dérouler. Je suis plaquée à l'angle de la chambre, comme si je voulais rentrer dans le mur pour fuir ce spectacle insoutenable. Je n'ai même pas conscience de m'être levée.

— Madame, je suis désolé de vous avoir fait vivre ça.

— Qu'est-ce qu'il lui arrive ?

— Il est toujours difficile de prévoir les réactions des gens, le cerveau est l'organe le plus complexe qui existe. Je pense qu'elle s'est rendu compte que je l'éloignais de son fils et qu'elle a sorti ses griffes, m'explique-t-il en touchant la balafre que lui a faite Sandra.

— Vous allez la laisser ici ?

— Il faut que nous en parlions en équipe, soupire-t-il. Je n'y suis pas opposé, elle a eu peur de perdre son enfant, ce qui semble être une crainte qui l'accompagne depuis qu'il est malade et qui s'est renforcée dernièrement. Il y a une certaine logique à sa réaction. Celui qui m'inquiète, c'est Léo, mais sans doute vaut-il mieux qu'il découvre ici que sa mère va très mal. Nous pourrons être à ses côtés pour l'aider à encaisser le choc.

— Rassurez-moi, c'est provisoire, n'est-ce pas ?

— Je ne peux pas donner de délai, cependant, même quand elle communiquera à nouveau, il lui faudra du temps pour se remettre de ce traumatisme. Sa convalescence sera plus longue que celle de Léo. Je suis navré, je dois réunir d'urgence une équipe pour déterminer la marche à suivre pour votre famille. Je vous tiens au courant rapidement.

Je regarde la porte se refermer et me sens seule, comme jamais auparavant.

56

Antoine

Sandra est toujours dans un état catatonique. Je n'arrive pas à la regarder, cette coquille vide me terrifie. Léo est désemparé, il a eu très peur de mourir et sa maman-légume n'aide pas à le rassurer.

Denise reste avec eux nuit et jour, l'équipe médicale lui a installé un lit pliant. Elle va jusqu'à manger la nourriture insipide de l'hôpital. Samia et Fatima se relaient auprès d'elle autant qu'elles le sont autorisées par les horaires imposés de l'établissement de santé. Ma belle-mère n'est à la maison que pour prendre sa douche et essayer de convaincre Alexandre de leur rendre visite, même en coup de vent. Bien entendu, je ne suis pas présent à ces moments-là, mais Donato m'en a parlé quand il a été missionné pour me faire promettre d'y aller moi aussi. J'étais tellement en colère de devoir me justifier que je n'ai pas songé à lui dire que j'y passais le soir, pendant la toilette de Denise qui est réglée à la façon d'un coucou suisse. J'ai besoin d'être seul avec eux. Et ça ne regarde que moi, merde !

Je n'arrive plus à rester à la maison, je n'arrête pas d'imaginer mon bébé étendu sur le sol, la vie le quittant.

Alex dort, je n'entends plus un bruit venant de sa chambre, j'en profite pour m'éclipser, prendre la voiture et rouler sans but dans les rues de Toulouse.

J'ai envie de hurler quand je pense à cette fichue porte. Je me repasse sans cesse l'image où je me vois la fermer à clef la veille. Cependant, c'est un tel automatisme que je ne peux pas en être sûr. Est-ce que je suis un père lamentable au point d'avoir oublié ça ? D'avoir mis la vie de mon fils en danger ? Je n'étais pas d'accord avec ma femme sur le risque que pouvait représenter le sac de frappe pour Léo. Est-ce qu'inconsciemment, j'ai laissé ouvert pour lui prouver qu'elle avait tort ? Un goût de bile me brûle l'œsophage.

J'attrape mon paquet de cigarettes d'une main en tenant fermement le volant de l'autre. Vide ! Ce n'est pas possible ! Pas maintenant ! J'ai une envie irrépressible de fumer. Plus que ça même, j'en ai besoin. De rage, je le balance par la fenêtre. Je fais taire la voix de Sandra qui me sermonne sur mon geste polluant en hurlant. J'ai l'impression de devenir fou.

Je cherche un tabac ouvert la nuit. Je sais qu'il en existe en centre-ville sans jamais en avoir eu la nécessité. Pas même à l'époque où je cramais un paquet par jour. Je roule au pas, attentif à tout ce qu'il y a autour de moi, essayant de repérer l'antre de ma déchéance.

Ce manteau, ce bonnet ! Je pile et descends de ma voiture, laissant la portière béante, sans même me préoccuper de me garer. Il est presque deux heures du matin, je ne gênerai personne et je m'en fous. Ce n'est pas possible !

Je m'approche de la bande de jeunes qui boivent des bières et fument des pétards, assis sur un muret. Brutalement, je retourne celui que j'ai reconnu. Son regard embrouillé se pose sur moi et il lui faut quelques secondes pour que mon visage perce un chemin au milieu de l'herbe et de l'alcool.

— Tu fous quoi, là ? hurlé-je en l'attrapant.

— Woh, tout doux, monsieur, intervient un des gamins.

— Toi, tu te casses ou j'appelle la police. Tu sais quel âge il a ?

— C'est bon, calme-toi, me lance mon fils tandis que ses « amis » se défilent en courant maladroitement.

— C'est bon ? C'est bon ? On est au milieu de la nuit et tu traînes dehors, bourré et défoncé !

— Et alors ?

— Et alors ?

— Ouais, et alors ?

— Tu n'es encore qu'au collège !

— Putain, mais arrête de faire genre que ma vie t'intéresse ! T'es jamais à la maison. Tu trompes maman et t'as même pas honte. En plus, t'as recommencé à fumer en cachette. C'est quand que tu te casses pour de bon ? Hein ?

Je vacille et le lâche, j'ai l'impression d'avoir reçu une rossée. Mis K.-O. par mon fils.

— Va dans la voiture, on va parler sur le chemin.

— Et si je préfère rester avec mes potes, tu vas faire quoi ? Je veux pas te voir.

— Tu crois vraiment que ta mère a besoin de ça en ce moment ?

— Maman ?

C'est un coup bas, cependant nécessaire pour le forcer à venir avec moi. Je profite de sa faiblesse temporaire pour l'attraper et le traîner jusqu'à la bagnole, toujours au milieu de la route. Je le fourre sur le siège passager où il s'écroule sans résistance. Sa colère semble avoir disparu. Je contourne la voiture et grimpe du côté conducteur, me tourne vers lui et l'attache. Il ne manquerait plus qu'on ait un accident.

— Je travaille beaucoup, commencé-je sous ses ricanements. Je me sens inutile à la maison alors qu'au boulot, j'ai l'impression d'être reconnu. Du coup, j'y passe beaucoup de temps. Ça n'empêche pas que je vous aime tous les trois plus que tout au monde. Et je n'ai jamais trompé maman, tu m'entends ?

Il regarde par la vitre le paysage qui défile. Je ne trouve pas les mots pour le rassurer et pense aux clopes que je n'ai pas achetées, mais ce n'est pas le moment. Je dois me conduire en tant que père et le faire passer en premier. Ma jambe gauche commence à trembler, je serre les dents.

Depuis combien de temps a-t-il de mauvaises fréquentations ? Sandra a essayé de m'alerter, elle s'inquiétait et je n'arrive plus à me rappeler les raisons. Je n'ai pas écouté, je ne voulais pas entendre. Déjà incapable de gérer la situation avec Léo, il m'était inconcevable qu'Alexandre n'aille pas bien non plus.

Je me gare, nous descendons sans un mot. Je vais le laisser décuver tranquillement. Il grimpe la première marche, se retourne et me fixe, droit dans les yeux.

— J'ai lu les textos que tu échanges avec Fred...
— Tu as fouillé dans mon téléphone ?
— Putain, mais c'est pas ça, le problème !

J'ai envie de hurler à mon tour. C'est moi le père, il n'a pas à faire ça. Au moment où j'ouvre la bouche, je me rends compte que son regard est le même que le mien dans la glace le matin. Le même que celui qu'avait Sandra et que sa mère porte désormais en permanence. Le même que celui de Léo quand je vais le voir à l'hôpital. Je sens la peur et la détresse, j'arrive presque à les humer. Immédiatement, ma colère s'envole.

— C'est une amie, c'est tout.

— Alors comment ça se fait qu'on ne la connaisse pas ? Que maman ne soit pas au courant ? Si c'était innocent, tu ne te cacherais pas.

Sonné, je me traîne jusqu'au canapé pendant qu'il monte dans sa chambre. J'attrape mon téléphone, ouvre la fiche contact de Fred, ferme les yeux et la supprime après avoir bloqué son numéro. Si ça peut sauver ma famille, je suis prêt à la sacrifier, quoi qu'il m'en coûte. Je retourne sur mon répertoire et fais défiler les noms puis presse le bouton d'appel. Trois heures du matin, va-t-il décrocher ?

— Donato ? J'ai besoin de mon meilleur ami.

— ...

— Merci, vieux. Ah, et ramène les clopes de Samia, s'il te plaît. À tout de suite.

57

ALEXANDRE

Je compte bien découvrir où papa va en cachette. S'il trompe maman, je ne réponds plus de rien. Je ne l'ai pas cru hier soir par rapport à cette Fred. Même si les textos échangés n'avaient rien de romantique, j'ai bien ressenti une complicité et ils sont peut-être prudents. Il est tout sauf con, mon vieux.

J'attends depuis quinze heures devant l'immeuble de son taf et le guette. Il ne m'échappera pas malgré la foule qui passe de façon continue. J'observe les gens, beaucoup sont chargés de courses, Noël approche. Je me sens si loin de cette ambiance festive. Je chasse les images du réveillon de l'année dernière, je dois rester concentré.

Une silhouette que je reconnais attire mon attention. Aroon. Claire est avec lui, ils se tiennent par la main. Une douleur à la poitrine me traverse, je détourne les yeux. Ils se rapprochaient depuis quelques semaines et là, ça y est, ils sont ensemble. Est-ce que j'aurais dû dire à mon ancien meilleur ami ce que je ressentais ? À quoi bon ? Pour qu'on soit malheureux tous les trois ? Ça aurait été ridicule. Malgré tout, je dois lutter contre la pulsion de les séparer, de demander à Claire ce qu'il a de plus que moi. Je suis plus grand, plus musclé, plus intelligent. Il n'a rien d'exceptionnel. La jalousie me dévore, me rend méchant, et je déteste ça.

L'envie de partir est très forte, je ne dois pas céder. Ils ont déjà disparu en direction du centre-ville. Est-ce que le marché de Noël sur la place du Capitole est romantique ? Je m'imagine ce que j'aurais fait avec Claire si c'était ma main qu'elle serrait dans la sienne. Je me reprends et fixe à nouveau la porte que papa devra franchir. Je suis prêt à venir tous les jours si c'est nécessaire pour découvrir la vérité.

Mon téléphone sonne. En voyant qui m'appelle, je l'éteins. J'ai trop honte de ce qu'il s'est passé cette nuit, de ce que vont penser mes potes après la crise de mon paternel. Plus je rumine, plus j'ai la haine non seulement contre mon père, mais aussi contre eux. Ils se sont barrés et m'ont laissé seul pour l'affronter. Merci pour le soutien, les gars ! Je ne peux décidément compter sur personne.

Une image de l'hôpital s'impose à moi et je fais tout pour la chasser. Sans succès. J'ai besoin d'une bière pour ne pas y penser. Un truc plus fort serait peut-être nécessaire.

Mamie est passée me prendre ce matin pour que j'aille voir petit chat et maman. Normalement, ce n'est pas l'heure des visites, cependant, ils ne disent trop rien si l'on n'abuse pas. Déjà qu'ils ont accepté de les laisser ensemble.

Encore sous le choc de l'extraction opérée par papa hier soir, je n'ai pas cherché à fuir. Il était temps d'affronter les conséquences de mes actes. À peine entré dans la chambre, j'ai aussitôt fait demi-tour et je me suis enfui en courant. Tout est de ma faute. La veille du drame, une fois couché, je me suis rappelé que j'avais zappé de fermer le garage à clef, mais j'ai eu la flemme d'y retourner. Et j'ai failli tuer mon petit frère. Celui sur qui je suis censé veiller.

Besoin d'herbe, besoin d'alcool, besoin de mes potes de Toulouse qui ne connaissent rien de ma vie et s'en foutent. Envie de finalement rallumer mon téléphone, répondre et tout oublier. Au lieu de ça, je dois rester là, découvrir la vérité. Pour maman. Pour rattraper mes erreurs. Pour qu'il paye lui aussi.

Enfin, il arrive. Le jour commence à peine à décliner. Heureusement qu'il travaille jusque très tard tous les soirs... Ma rage me porte et me tient debout malgré la fatigue et la gueule de bois qui me colle la migraine. Sans un regard aux alentours, il se dirige vers le centre-ville. Parfait, mêlé aux nombreux piétons, il ne me grillera pas. Papa a toujours été dur à suivre, il marche vite. Enfin ça, c'était avant, si j'en crois ce que je vois à présent. Il avance doucement, courbé. Il donne l'impression que chaque pas est difficile. Je profite des arrêts aux passages cloutés pour le détailler, comme s'il m'était inconnu. Impossible, je ne peux que le comparer avec l'homme qui m'a élevé.

Ma petite enfance me montre un père joueur, rieur. Avec le diagnostic de chaton est apparu un papa plus froid, qui a perdu le pétillement de ses yeux. Malgré tout, il était très présent, attentionné. Mais depuis presque un an, c'est un fantôme. Chaque jour, il a reculé l'heure du retour jusqu'à ce que nous soyons tous couchés. Et maintenant, c'est un être fatigué, brisé, que j'ai en face de moi. Est-ce que d'avoir découvert ce que son aîné est devenu le fait souffrir ? Ou est-ce l'inquiétude pour Léo ? Pour maman ? La peur de perdre sa petite vie confortable ?

Je ne le connais plus.

Après de nombreux détours, nous sommes arrivés, papa s'est arrêté devant un bel immeuble, a regardé à droite et à gauche puis a appuyé sur le troisième bouton en partant du bas. Dès qu'il disparaît dans le hall, je m'approche et lis l'étiquette : « Sophie Bruc – psychologue ».

Le choc.

— Papa ?

En le voyant sortir avec sa mine de déterré, les yeux encore détrempés, j'ai hésité. Mais impossible de supporter plus longtemps tous ces mensonges.

— Poussin ?

Ce petit surnom me fait frissonner, c'est surtout maman et mes mamies qui m'appellent ainsi. Il reste figé sur place.

— Tu m'expliques ?
— Je... je venais faire des achats pour Noël.
— Putain, arrête de me prendre pour un con ! explosé-je. Ça fait une heure que je me caille à t'attendre ! Alors maintenant, tu vas me dire la vérité.

Il regarde autour de nous. Il n'oserait pas s'enfuir en courant quand même. J'espère. Il se passe une main devant le visage, la laisse retomber et me lance un pauvre sourire.

— Ça te va si on s'installe à la terrasse d'un café pour discuter ?
— T'es au courant qu'on est en hiver ?
— Si je dois tout te raconter, j'ai besoin de fumer.

Je hoche la tête et je le suis, rassuré. Il ne va pas se défiler et il va enfin arrêter de me traiter comme un gamin. Nous avançons doucement, en silence, en direction du troquet le plus proche. Je lui laisse le temps, il doit se préparer, réfléchir à ce qu'il va me dire. Et moi, est-ce que je suis prêt à l'entendre ? Comme ça, calmement, sans cris ? Ça fait peur. S'il m'annonce qu'il nous quitte ?

— Qu'est-ce que tu veux boire ?
— Un chocolat chaud.

Si mes potes passent, je suis mort. Cette pensée me traverse l'esprit, cependant, elle ne m'atteint pas. Je n'ai pas honte. De toute façon, c'est pas mon père qui me payera une bière. Et le cacao, ça a un côté rassurant. Ça me rappelle les petits-déjeuners que je prenais l'hiver, blotti contre maman avant que Léo ne soit malade.

Papa attend que nos consos soient devant nous avant d'attaquer.

— Je suis désolé, Alexandre. Je n'ai été là ni pour ta mère, ni pour ton frère, ni pour toi. Quand... quand ça a commencé à se gâter à la maison, j'ai fui, tout simplement. Je suis capable de tout par amour pour vous. Pour autant, je ne peux pas faire à votre place. Je ne peux pas vous aider à vous sentir mieux si ça va mal dans vos têtes. Je ne supportais pas d'être impuissant. Je me suis abruti de travail au point de ne plus penser qu'à une chose : dormir. J'avais l'impression que sans ça, j'allais m'écrouler. Plus j'étais absent, plus je m'en voulais et je suis rentré dans une spirale infernale.

Je l'écoute sans dire un mot. Pour la première fois, mon père m'ouvre son cœur. J'ai du mal à déglutir, mes yeux me piquent, mais je retiens les larmes. Je suis trop grand pour pleurer. Je dois être un homme.

— Je n'ai jamais parlé de Frédérique, parce que c'était ma bulle. Je n'arrivais pas à me confier à Donato, il vous connaît, c'est la personne la plus proche de moi. Elle avait un regard extérieur sur tout ça. Elle n'avait pas peur de me faire du mal non plus. C'est elle qui m'a donné les coordonnées de Mme Bruc. J'ai retrouvé un papier avec son nom et son numéro qu'elle m'avait glissé discrètement. Si c'était venu frontalement, de quelqu'un d'autre, j'aurais refusé en bloc. Je travaille sur moi, j'apprends à mettre des mots sur ce que je ressens, à identifier mes réactions de défense. Néanmoins, c'est un long processus et j'ai conscience que vous devez tout affronter seuls pendant ce temps-là. Je m'en veux tellement, si tu savais !

Une larme coule sur sa joue, il ne l'essuie même pas. C'est la première fois que je vois papa pleurer et ça ouvre une brèche dans les remparts qui entourent mon cœur.

— Il ne faut pas avoir honte de ressentir. Jamais. Je ne souhaite pas que tu me ressembles, mon garçon. J'espère que tu feras mieux que moi, que tu apprendras de mes erreurs.

— Je ne suis pas à la hauteur, dis-je dans un souffle.

— Je crois que si.

— Non, j'aide pas maman. Je hurle sur chaton.

Les larmes ont gagné le combat. J'ai envie de me blottir dans les bras de papa, pourtant, je reste comme un con sur ma chaise.

— Ce n'était pas à toi de prendre ça en charge, mon poussin.

— Mais j'aurais pu ne pas empirer les choses. Ne pas partir en vrille. J'ai lâché mes amis et j'ai passé mes nuits à traîner dehors, à boire, à fumer. Je ne bosse plus, je réponds à maman...

— Stop ! C'est terminé, ça. À partir de maintenant, on change tous les deux. On se serre les coudes, d'accord ?

Un mélange d'émotions me traverse. Je retrouve le père sur qui je peux compter, qui me montre le chemin et me soutient. Une toute petite part de moi a envie de lui hurler dessus ; c'est trop facile de revenir comme ça. Sans avoir le temps de s'exprimer, elle est vite balayée par l'amour et l'espoir.

— Pour maman et chaton ?

— Pour maman et chaton ! Et pour nous aussi, mon grand...

— Alors, c'est quoi la suite du programme ?

— Ma psychologue va se mettre en relation avec l'équipe qui s'occupe actuellement de Sandra et Léo. On va se faire aider. Tous. Parce qu'on en a besoin. Et j'ai posé un congé sans solde à mon travail. Je suis en train de former l'intérimaire qui va me remplacer jusqu'à ce que ça aille mieux.

J'en renverse mon chocolat. Je regarde papa, il est transformé. Parler d'avenir, prendre les choses en main, ça lui réussit.

— T'es sérieux ? Et comment on va vivre avec juste un demi-SMIC ?

Il grimace, je m'inquiète d'un coup. Il cherche ses mots, je me prépare au pire.

— Maman s'est fait renvoyer.
— Quoi ? Mais pourquoi ?
— C'est compliqué, de toute façon, ça se passait mal avec sa patronne. Au moins, elle aura le temps de reprendre des forces tranquillement.
— Et donc, on bouffe comment ?

Je sais qu'on discute façon bisounours, mais bon, si aucun des deux ne travaille, ça va être chaud patate.

— On va se débrouiller. On a quelques économies grâce à toutes mes heures supplémentaires. On devait refaire l'isolation de la maison, ça attendra encore quelques années. Si besoin, papinou et maminou nous aideront.
— T'es prêt à leur demander du fric ? Sérieux ?

L'heure est grave. Quelle que soit notre situation, il n'a jamais voulu leur emprunter de l'argent. Sans être riches, ils vivent confortablement et ne se refusent pas grand-chose. Depuis deux ans, mes grands-parents voyagent dans toute l'Europe. Ils ont vendu leur maison, acheté un camping-car et sillonnent les routes. On ne les voit plus que par écrans interposés, mais ils sont tellement heureux que ça compense.

— Pour sauver ma famille, je suis capable de tout. Même de ravaler ma fierté. Du reste, ils sont en chemin.

— Ils arrivent ? Mais ils vont aller où ?

— Oui, ils quittent la Grèce et viennent s'installer dans le jardin de Samia et Donato.

J'éclate de rire, c'est complètement fou !

— Qu'est-ce que tu leur as dit pour qu'ils rappliquent comme ça ?

— Qu'on avait besoin d'eux. Que maman et Léo étaient à l'hôpital, et que toi et moi étions tellement paumés que nous étions en train de nous détruire.

J'arrête de rire.

58
Aélys

Salut Walid, ça va ?

Salut, je rage d'être aussi loin, je me sens impuissant. Et toi, tu tiens le coup ?

Je n'ai pas encore pu aller les voir, Denise arrive et m'amène à l'hôpital. J'ai peur.

De quoi ?

Déjà, que Denise rencontre maman. Ce n'est pas vraiment le même monde.

Elle s'en fout. C'est toi qu'on aime, pas ta mère.

Mon cœur s'emballe.

Enfin, je ne veux pas dire qu'on ne l'apprécie pas, hein. On ne la connaît pas, c'est tout.

J'avais compris. De toute façon, elle est assez antipathique.

T' as envie d'en parler ?

Je ne sais pas.

La semaine prochaine ?

Pourquoi la semaine prochaine ?

Parce que je débarque !

Génial ! Je suis sûre que tu vas redonner le sourire à Léo.

Toi aussi, princesse

Je sens la chaleur gagner mes joues et je suis bien contente d'être seule dans ma chambre. Sans même s'en rendre compte, il me rassure sur ma seconde raison d'angoisser, celle d'être inutile à ceux que j'aime.

Je ne suis pas drôle.

Pas besoin de faire le pitre. Sois toi-même et ça sera parfait.

Je ne sais plus où me mettre.

Pas dans ton trou, petite souris. Au fait, tu accepterais de faire un portrait de moi ?

Comment tu es au courant que je dessine ?

Mon petit doigt me l'a dit

OK. Je dois te laisser, Denise vient de sonner.

Je me précipite à la porte, maman n'a pas bougé du canapé. J'ai essayé de l'empêcher de boire, mais elle s'est levée et a trouvé les bouteilles que j'avais cachées en attendant d'avoir le courage de les vider. Elle ronfle désormais comme l'ivrogne qu'elle est. Cette fois-ci, je rougis de honte et espère que la grand-mère de mon ami ne voudra pas que je les présente l'une à l'autre.

— Bonjour.
— Ma puce.

Deux paires de bras m'attrapent, les mamies sont venues me chercher ensemble. Instantanément, mon angoisse diminue.

— On peut rentrer ? me demande Fatima.
— Ma mère n'est pas en état de recevoir, je suis désolée.

Denise pince les lèvres, je sens qu'elle se retient de donner son avis sur ce qu'elle soupçonne depuis un moment. Je baisse les yeux, mes joues me brûlent et je devine qu'elles sont écarlates. Les larmes montent. Fatima me caresse les cheveux.

— Ce n'est pas grave, ma belle.

J'aime quand on m'appelle ainsi, je n'ai jamais été qu'Aélys pour maman. Malgré ma colère contre elle, je ne peux m'empêcher d'essayer de la défendre.

— Elle n'est pas bien à cause de... sa maladie.
— Tant pis, on y va, déclare Denise en m'attrapant la main.

Je ferme la porte et suis ces grands-mères de substitution en me demandant à quoi ressemblent les miennes. Celle du côté de mon père a coupé les ponts en même temps que lui, Artus en a énormément souffert. Un lâche ne suffisait pas. Celle du côté maternel ne s'est jamais manifestée depuis que maman a été mise dehors, enceinte de mon frère.

J'ai souvent regretté que les erreurs de mes parents nous privent d'une famille aimante. Mais j'ai trouvé la mienne à présent et égoïstement, j'espère que l'hospitalisation de Léo et Sandra ne va rien changer.

J'ai la sensation d'être plongée dans du coton depuis que je suis dans la chambre avec Léo. Sandra est ailleurs, présente physiquement, absente en réalité. J'ai mal dès que je la regarde et je n'ose pas bouger du seuil. La femme souriante et aimante est bien loin et j'ai peine à croire qu'il s'agisse de la même personne.

Denise et Fatima sont parties prendre un café, un moyen subtil de nous laisser un peu d'intimité.

Je me décroche enfin de la porte et m'approche du lit de mon ami. Il est tellement pâle, il semble si fragile et si petit, perdu au milieu des draps blancs. Mes yeux me piquent, mais je dois être forte pour lui. Je m'assieds sur le bord de son matelas, en faisant attention de ne pas lui faire mal, de ne rien déranger.

— Salut, articule-t-il dans un murmure.
— Salut, réponds-je sur le même ton.

Je ne sais pas quoi dire. Est-ce que je dois lui proposer de lui lire une histoire ? De jouer ? Si oui, à quoi ? Il n'a que des mots mêlés posés sur sa table de chevet.

— Tu veux bien dessiner ?
— Bien sûr ! m'écrié-je, ravie qu'il me sorte de ce mauvais pas.
— Maman en train de danser.

Je ferme les paupières pour que les larmes ne s'échappent pas. Je me représente Sandra dans la cuisine, qui se trémousse sur la musique qui passe à la radio. D'autres images viennent, celles où elle part dans un rock endiablé avec Fatima. Au travers de ma peine, j'esquisse un sourire, ouvre les yeux et m'empare de mon sac qui contient mon nécessaire à dessin. Matériel qui ne me quitte désormais plus. J'attrape un crayon, mon bloc de feuilles et tout en tournant le dos à la mère de mon meilleur ami, je trace rapidement la silhouette d'une Sandra pleine de vie. Hors de question de représenter une nature morte. Elle redeviendra telle que nous la voyons, il ne peut pas en être autrement.

Pendant près d'une heure, j'oublie tout. L'hôpital, Sandra, Léo. Il n'y a plus que les traits qui se recoupent, se croisent. Les couleurs qui se juxtaposent, se mélangent. Je suis dans un état second, complètement absorbée. Je sens à peine les mèches folles qui s'échappent de ma queue-de-cheval et qui viennent me chatouiller le front et les joues. Je veux offrir à Léo le plus beau des cadeaux. Être la meilleure des amies.

Enfin, je tiens devant moi sa mère qui virevolte dans la cuisine, revêtue de sa splendide robe à fleurs rouges, celle qu'elle aime tant. J'ai même ajouté des couverts qui dansent avec elle, à la façon d'un dessin animé. Le regard pétille, le sourire est éblouissant.

Tremblante, je tends la feuille à Léo qui la fixe longuement. Je retiens mon souffle, je redoute de l'avoir déçu. Si j'avais plus de pratique, j'aurais pu mieux faire. Puis il la pose contre son cœur. Tout doucement, sans la serrer, de peur de l'abîmer. Je ne sais pas si cette attention est due au respect de mon travail ou à la peur d'abîmer l'image de sa maman, d'abîmer ce souvenir, d'abîmer cet espoir. Heureuse de le voir apprécier mon cadeau, je me détends et un sourire vient orner mes lèvres.

Je glisse discrètement mon regard vers mon modèle et toute ma joie retombe, elle n'a absolument pas bougé, ne semble pas s'apercevoir de notre présence.

— Elle sait que je suis là.

— Oui, je crois.

— Ils ont essayé de la sortir... Elle s'est débattue comme si sa vie en dépendait.

— Elle t'aime plus que tout.

— J'en ai conscience maintenant...

Des sanglots entrecoupent sa réponse, ce qui ne m'empêche pas de comprendre qu'il n'a pas été tendre avec elle et qu'il lui a souvent reproché de ne pas l'aimer. Dans le seul but de la blesser. Maintenant qu'elle est à terre, qu'elle n'arrive plus à se relever, il se sent impuissant et il s'en veut. Je ne trouve pas les mots pour le consoler, je peux uniquement lui assurer que je connais bien la culpabilité.

Nous restons immobiles et silencieux. Je me demande quand ses grands-mères vont remonter, leur café traîne en longueur à mon avis.

— Il s'est passé quoi entre Denise et Fatima ? m'écrié-je en y pensant.

— Elles seules le savent… mais j'ai bien l'impression qu'elles ont enterré la hache de guerre.

Le sourire est revenu sur son visage crayeux. Je suis soulagée d'apprendre que du positif sort de tout ça.

— Tu rentres quand chez toi ?

Je me mords les lèvres. Il faudrait que je prenne des leçons de tact. Heureusement, ma question abrupte semble l'amuser.

— Bientôt, mes taux se stabilisent. Je crois qu'ils font traîner aussi pour…

Son regard se perd sur Sandra. Sans réfléchir, je lui attrape la main. Il n'esquisse pas un geste, néanmoins, il ne la retire pas et petit à petit, je le sens s'apaiser tandis que de mon côté, l'angoisse monte. Que va devenir sa maman ?

— J'ai parlé avec Walid avant de venir…
— Tu as encore rougi ?
— Quoi ? Mais je ne…

Si je me suis offusquée de sa question, sa petite toux qui masque son amusement m'arrête. Je lâche prise et déballe ce qui me perturbe depuis tout à l'heure.

— Il m'a appelée princesse.
— Moi aussi je ressemblerais à une tomate s'il me disait ça.

Le léger coup sur son avant-bras part tout seul, naturellement, et nous rions à gorge déployée quand

Denise et Fatima arrivent en souriant. Je m'empourpre à nouveau en réponse au clin d'œil de la nanna de mon ami. Je l'ai fait rire, moi, la petite souris.

59

Scuatteur

Je me frotte aux jambes d'Alexandre pour le soutenir. Le vomissement s'interrompt et il se laisse glisser sur le carrelage de la salle de bains. En dépit de ses tremblements, il m'ouvre grand les bras. Je me love contre son ventre. Il va falloir énormément de « ronron thérapie » pour l'accompagner le temps du sevrage. Ça avait déjà été particulièrement difficile pour lui pendant sa punition, mais cette fois-ci, c'est encore pire. La rage le faisait tenir, maintenant, il est à bout de forces.

Tous deux perdus dans notre culpabilité, nous sursautons au claquement de la porte d'entrée.

— Poussin ? Tu es là ? C'est mamie ! crie Denise du bas de l'escalier.

— Et merde, faut pas qu'elle me trouve dans cet état.

Alexandre panique et s'affale sur le sol en voulant se relever. Je comprends sa réaction ; même si toute la famille est désormais au courant de ses problèmes, il y a une différence entre savoir et voir. Je me place devant l'issue de la salle de bains et essaie de le rassurer, je vais occuper sa grand-mère le temps qu'il se redonne une figure plus convenable. Il fronce d'abord les sourcils, fâché que je veuille le laisser. Puis il se détend et m'accorde sa confiance en entrebâillant la porte pour que je puisse me faufiler. Tandis que je descends l'escalier j'entends l'eau couler. Très bien.

— Oh, tu es là, Squatt ? C'est Alexandre sous la douche ?

— Miaou.

— Désolée, moi, je ne parle pas le chat. Enfin, vu l'heure, ça ne peut être que lui, Antoine est au travail. Je vais en profiter pour mitonner quelques repas d'avance. Je ne suis pas sûre qu'ils se nourrissent correctement sans...

Elle s'interrompt, finir cette phrase est trop difficile. Évidemment, elle a raison : sans Sandra, tout se délite. C'est le cœur de ce foyer. C'est à peine si j'ai ma ration de croquettes quotidienne. Je n'en veux pas à Alexandre, il a tellement de choses à surmonter en ce moment.

J'espère qu'il acceptera de suivre Denise, constater que son frère va mieux ne peut que lui faire du bien. Il est incapable de se pardonner ce qui est arrivé. Il a beau ne pas être coupable, son ressenti est différent. Je consacre ses temps de sommeil à lui faire admettre qu'un accident n'est de la faute de personne. C'est un concours de circonstances. En analyser les causes, c'est productif pour tirer des leçons et éviter que ça se reproduise. Ce n'est par contre pas sain si c'est pour chercher un responsable, car personne ne l'est. Ou tout le monde. Antoine a installé le sac de frappe. Alexandre a oublié de fermer la porte à clef. Sandra a accepté de faire l'inventaire. Denise est partie de la maison. J'étais avec Einstein. Et Léo s'est laissé guider par sa colère. Si l'on s'enlise dans notre culpabilité, nous n'avancerons pas. Et nous ne serons pas en mesure d'aider Sandra et Léo. Je m'y refuse.

— Oh, mon poussin, tu es sorti ? Tu as mauvaise mine, est-ce que tu vas bien ?

— Je crois qu'on est à peu près dans le même état, mamie.

— Viens avec moi, trésor. Ils ont besoin de toi. Nous avons besoin de toi.

Elle enserre le frère de mon protégé. Je l'entends sangloter et me sens impuissant, tout ange que je sois. Le lendemain du jour où son père l'avait déniché par hasard à Toulouse, il avait tellement la gueule de bois qu'il n'avait pas eu la force de s'opposer à sa grand-mère. Pour s'enfuir de l'hôpital, sitôt entré dans la chambre. Incapable d'affronter les conséquences de ses actes.

Aujourd'hui, il acquiesce de nouveau, malgré le sevrage difficile. Est-il prêt à reprendre sa place dans la famille, à accepter l'amour de ses proches ? Ou veut-il se punir ? Il faut absolument que j'assiste aux retrouvailles. Et ils me manquent trop, peut-être que je pourrais, moi aussi, être utile là-bas.

Ni une ni deux, je me faufile dans le sac qu'a préparé Alexandre pendant mes réflexions.

J'ai l'impression d'étouffer. Heureusement que l'hôpital est près de la maison. Non seulement je ne parviens pas bien à respirer, mais je crois que ce cartable trimballé sans ménagement est encore plus inconfortable que la caisse de transport que les enfants avaient utilisée pour m'emmener chez le vétérinaire. Peut-être aurais-je dû mettre Alexandre dans la confidence, il aurait été plus délicat.

Enfin ! Le sac est posé à terre et j'entends des voix assourdies. Je comprends que Fatima vient d'arriver également et que Denise lui propose d'aller chercher des croissants pour les garçons avec elle. Parfait ! La voie va être libre.

Je me déplace à nouveau. Vite, je n'en peux plus ! Le cartable et moi atterrissons sur une surface molle.

— ... plein de choses !

Alléluia ! Le sac est ouvert. Pendant tout le trajet, j'ai imaginé la scène : je sors la tête et plonge mon regard dans celui de Léo qui s'illumine à ma simple vue.

Je me précipite dans ses bras accueillants et nous nous câlinons mutuellement pendant que les frères se parlent. Ma venue surprise les fait rire et les aide à briser la glace.

Oui mais voilà… Mon cerveau doit être en manque d'oxygène, il n'y a pas d'autres explications possibles. Dès que la fermeture Éclair du sac s'ouvre, je ne pense qu'à une chose : m'échapper. Je m'accroche à ce que je trouve. Le bras de Léo ! J'atterris sans aucune dignité dans son lit. La douleur que j'ai provoquée à mon protégé le fait se reculer brusquement, son genou heurte le cartable qui m'entraîne dans sa chute. J'ai bien peur de perdre mon sang-froid et d'émettre quelques miaulements catastrophés. À mon âge…

D'abord stupéfait, Alexandre se ressaisit vite et me prend dans ses bras. Avec un sourire, il me dépose tout contre mon bonhomme. Je sens sa chaleur, son odeur. Enfin ! Je ronronne de bonheur.

— Je crois que tu lui manques. Ça va, la griffure ? Tu veux que j'aille demander du désinfectant aux infirmières ?
— Oh, merci d'avoir amené Squatt ! C'est une sacrée surprise.

Il jette un œil sur ses estafilades et accepte la proposition de son frère qui sort de la chambre. J'enfouis ma tête dans son cou, incapable de regarder la blessure que je lui ai infligée. Si mes patrons viennent à le savoir, c'en est fini de ma carrière. Certes, je suis presque à la retraite, mais hors de question de quitter Léo !

— Et voilà ! Tends ton bras, frangin.

Alexandre prend un ton jovial, pourtant, sa mine de papier mâché et ses cernes gris ne mentent pas. Léo se mordille la lèvre – un tic qu'il tient de sa mère – pendant le soin. Quand Alex se lève pour jeter la compresse, Léo lâche ce qu'il a sur le cœur.

— Pardon.

— Quoi ? Pourquoi tu t'excuses ? C'est de ma faute, tout ça ! J'ai oublié de fermer la porte du garage. Alors que je savais que c'était risqué. Je suis ton grand frère, je dois veiller sur toi. Sauf que je peux rien faire contre ce putain de diabète de merde ! Ça me rend fou !

Il fond en larmes, je me pousse afin que les garçons puissent se prendre dans les bras. Ils s'adorent mais n'osent pas se le montrer. Je suis réellement fier de ce que l'aîné vient de dire. En quelques phrases, il a réussi à exprimer tout son amour et toute son impuissance.

— T'es bête ! J'avais pas le droit d'y aller, j'étais au courant. Et puis, je savais que je devais faire mon injection et suivre mon planning de repas. J'étais tellement en colère ! Et j'avais été si méchant avec toi. Je m'en voulais beaucoup et ça me rendait encore plus furieux. Je contrôlais plus rien. Pardon, Alex, je ne pensais pas ce que j'ai dit. C'était horrible.

Et voilà que mon protégé arrive aussi à exprimer une partie de ses émotions. J'en suis tellement heureux que mes ronronnements pourraient réveiller un mort. Ce qui me ramène à Sandra. Je me dirige vers son lit, elle n'a pas l'air de se rendre compte de notre présence. Malgré tout, je me blottis contre son flanc et commence une séance de thérapie animale. Ce qui ne m'empêche pas d'observer les enfants.

Les garçons essuient leurs larmes et se mettent à discuter. Ils ont lâché ce qu'ils avaient sur le cœur et semblent libérés. Il n'y a plus ni gêne ni rancœur entre eux.

— Au fait, tu as dit quoi aux infirmières pour le désinfectant ? Squatt n'a pas le droit d'être là, s'inquiète mon protégé.

— J'ai raconté que j'étais tombé dans des ronces sur le chemin et que ça avait traversé mon pantalon. Elles ont compris que je ne pouvais pas leur montrer ça en plein milieu du couloir.

— T'es le meilleur, rigole Léo. Et du coup, il y a autre chose que notre chat dans ton cartable ?

— Ah, mais Squatt, ce n'était pas prévu. Il s'est débrouillé tout seul. Ce que j'ai mis dans le sac est moins original, j'espère que tu ne seras pas déçu.

— C'est le plus intelligent, c'est pour ça. Tu m'as apporté un livre ? Même s'il y a tout le temps du monde avec moi, je m'ennuie parfois. Surtout avec papa, il ne sait pas quoi me dire et moi non plus.

— Papa ? Il vient ?

— Oui, tous les jours quand mamie rentre à la maison. T'étais pas au courant ?

Alexandre secoue la tête. Quelque chose circule dans l'air. Le début d'un pardon peut-être ?

Allez, Sandra, reviens, regarde tes fils. Ils sourient, ils vont de l'avant. Ça ne peut qu'aller mieux maintenant !

— Alors, voilà tes deux tomes de *Citara*[12]. Des jeux : *Uno*, *Puissance 4*, *hand spinner*, labyrinthe à billes. Et Mimou, ton vieux doudou.

— J'en ai pas besoin, je ne suis plus un bébé, proteste Léo avec un immense sourire qui dément ses propos.

— Je suis passé devant en allant chercher tes bouquins et… je sais pas, même moi, je me suis senti un chouia réconforté avec lui dans le sac. Après, je peux le rapporter si tu n'as pas envie de le garder.

— J'voudrais pas que tu te tapes la honte en rentrant avec lui dans les bras.

— Trop sympa, merci, mec ! Ah, et j'ai aussi pris des feuilles et des crayons de couleur pour Aélys quand elle te rend visite.

Je redresse mes oreilles et je constate que – comme moi – Léo est touché de l'attention de son frère.

[12] *Une autre Vie à Citara*, série en 4 tomes de Nathalie Bagadey mêlant fantasy et fantastique. Ce sont les livres préférés de Léo qu'il relit régulièrement.

D'autant qu'on ne peut pas vraiment dire que jusque-là, Alexandre ait fait des efforts avec l'amie de mon protégé.

— Elle sera ravie, merci. Tu veux voir le dessin qu'elle a fait de maman ?

Sans attendre la réponse, il sort avec précaution du tiroir de sa table de chevet une feuille de papier. Alex s'en empare avec délicatesse et ses yeux s'humidifient. Il devient de plus en plus dur pour lui d'ignorer le corps inerte de Sandra dans le lit d'à côté.

— C'est tellement elle… Magnifique.

Les garçons tournent la tête vers nous. D'un pas hésitant, l'aîné s'approche.

— Elle ne réagit pas, je crois qu'elle est prisonnière dedans, mais qu'elle nous entend.
— J'espère que tu as raison, petit chat.

Alexandre s'assied sur le bord du matelas en faisant attention de ne pas me déranger. Son sevrage et sa volonté d'abattre ses barrières nous ont permis de tisser un lien ténu. Ses émotions sont tellement fortes en cet instant que je lis en lui avec facilité. Il a l'impression d'avoir un nœud dans la gorge qui bloque tout ce qu'il a envie de lui dire.

Il prend la main de sa mère avec délicatesse. Par ses caresses, il lui transmet tout ce qu'il n'arrive pas à prononcer. Comme il s'en veut d'avoir été si froid avec elle, qu'il aime tant. À quel point il a besoin d'elle. Qu'il faut qu'elle revienne vite.

Au bout de quelques minutes, il lui dépose un baiser sur la joue en me demandant silencieusement de veiller sur elle pendant qu'il fait quelques parties de cartes avec Léo.

Bien entendu, je miaule mon assentiment. Mon lien avec Sandra est fort, je ressens sa fatigue et sa douleur. Je mets toute mon énergie à lui envoyer des images rassurantes. Elle reviendra, il ne peut en être autrement.

Denise nous a ramenés. En revenant avec les croissants, elle a essayé d'être fâchée de ma présence. Cependant, la gaieté de Fatima et le sourire de Léo lui ont vite rendu le sien. Elle a même accepté que je sorte du sac une fois dans la voiture. À la condition expresse que je sois sage. Comme s'il pouvait en être autrement ! Jamais je ne causerais le moindre mal à ma famille, enfin, volontairement, puisque j'ai griffé mon protégé tout à l'heure. À ma décharge, c'était la première fois de toute ma carrière.

Je suis couché contre Alexandre qui s'est endormi après avoir eu une phase assez longue de nausées. Cette journée a été riche en émotions, il est éreinté. La sonnette vient troubler le silence de la maison. Bien trop curieux de savoir qui leur rend visite pour préserver son sommeil, je miaule et réveille le ronfleur.

Alex descend l'escalier en bâillant et en se traînant telle une tortue. *Plus vite !*

La porte s'ouvre sur une inconnue. Interdits, nous détaillons tous les deux cette quarantenaire brune et souriante.

— Salut ! Tu dois être Alexandre. Et toi, Squatt, ajoute-t-elle à mon intention.

Elle me plaît déjà. D'un miaulement je l'invite à entrer tandis que le frère de mon protégé ne l'entend pas de cette oreille et pose sa main contre le chambranle, empêchant tout passage.

— Vous êtes qui ?
— Frédérique, une amie de ton papa. Est-ce qu'il est là ?

Je sens l'adolescent se tendre. Même si son père lui a juré qu'il n'y avait rien avec elle, il la considère comme une ennemie. Et puis, qu'est-ce qu'elle fait chez eux ?

— Non, il se promène. Ça l'aide à faire le point. Tiens, au passage, c'est sur conseil de votre psy !
— Ah, il a été la voir ? J'en suis ravie. Tu pourrais lui laisser un message de ma part, s'il te plaît ? Je n'arrive pas à le joindre par téléphone et étant donné qu'il part maintenant du bureau avant que je prenne ma garde, je n'ai plus l'occasion de lui parler.

Il répond en grognant, pas vraiment motivé, avec cependant une petite pointe de curiosité. J'ai l'impression qu'il ne fera la transmission que s'il l'estime sans danger pour sa famille.

— On a proposé une mutation à mon mari en Guyane. On déménage bientôt et c'est ma dernière semaine de travail. Je voulais dire au revoir à ton père et le remercier pour son amitié. Même si ça ne me regarde pas, j'en profite. Je sais qu'il a fait beaucoup d'erreurs avec vous, malgré tout, il vous aime profondément, ça, je peux te l'assurer. J'espère que ça va s'arranger pour vous tous. Il m'a tellement parlé de vous que j'ai l'impression de vous connaître un peu.

Sans attendre la réaction d'Alex, elle tourne les talons et s'en va avec un signe de la main. La vague de soulagement me renverse presque. Ils ne sont qu'amis et Antoine a tenu sa promesse de couper les ponts avec elle pour rassurer son fils. En plus, elle part à l'autre bout du monde avec son mari. Et puis... son père était peut-être absent physiquement, mais il pensait à eux visiblement.

Alexandre remonte l'escalier en fredonnant. Je le suis, plein d'espoir pour l'avenir.

Épilogue

Léo

Quelques années plus tard

Je regarde tous mes proches réunis pour fêter mes quinze ans. Bien trop nombreux pour tenir chez moi, nous avons investi la maison de Samia et Donato. En plus, il fait beau, pourquoi se priver du grand jardin ?

Plus je les observe, plus je me rends compte à quel point j'aime toutes les personnes présentes.

Denise et Fatima sont en train d'admirer les anémones qu'elles ont plantées au printemps. Elles semblent pleinement heureuses à présent. Quand papa a appelé ma grand-mère à l'aide, il y a quelques années, je n'aurais jamais pensé que ça aurait cette conséquence. S'inquiéter pour nous les a tellement rapprochées que mamie assume enfin être amoureuse de nanna. Il était temps ! Dès que maman a été suffisamment remise, elles sont parties toutes les deux pour Narbonne. Elles reviennent séjourner un mois sur deux à la maison, pour profiter à fond de tout le monde. Et nous passons de nouveau la moitié de nos vacances à la mer, chez elles. Je redécouvre ma grand-mère. Avec nanna, elle rit tout le temps, elle se laisse aller. J'adore ça et j'arrive à imaginer l'enfance de maman. On ne sait pas encore comment on va s'organiser à l'avenir, puisqu'à partir d'aujourd'hui, leur chambre n'est plus libre. On trouvera bien une solution, je ne m'inquiète pas pour ça. Peut-être qu'elles pourront loger ici ?

Des cris attirent mon regard de l'autre côté du jardin. Encouragés par tous les petits, Artus et Jimmy disputent un bras de fer. Ils se sont bien trouvés, ces deux-là. À cause de sa situation familiale compliquée, le frère d'Aélys n'avait pas vraiment d'amis proches. Mon cousin a été très présent lors du retour à la maison de maman. Artus également. Nous l'avions admis dans notre clan et il nous l'a bien rendu. À force de se croiser chez nous, ils sont devenus inséparables. Jimmy l'a aidé à faire hospitaliser sa mère. Depuis, elle part régulièrement en sevrage, rechute aussi souvent, pourtant, l'espoir est là. Elle veut s'en sortir et ses enfants ne sont plus seuls pour affronter ça.

En parlant de mon amie, elle s'est mise légèrement à l'écart avec son amoureux, sans perdre de vue son frère, un sourire accroché aux lèvres. Son chéri lui vole un baiser qui a pour effet d'enflammer ses joues. Elle n'a pas changé de ce côté-là ! Elle croit que je ne me suis pas rendu compte de son rapprochement avec lui, alors que ça fait des années que je pense qu'ils sont faits pour être ensemble. Si la distance n'aidait pas, je suis intimement convaincu que leur plus gros frein venait de son manque de confiance en elle. Ils étaient peut-être aussi trop jeunes.

Dans quelques jours, nous rentrons tous les trois au lycée. Walid sera dans un autre bahut, mais on ne se plaint pas. La filière qu'il a choisie nous permet de le retrouver, puisque l'établissement le plus près de chez lui est à Toulouse ! Eh oui, c'est lui qui va prendre la chambre des mamies ! Rien que de penser que je vais vivre avec mon meilleur ami, j'en ai des frissons d'excitation. Quant à Aélys, elle passe ses mercredis après-midi et ses week-ends à la maison. Si j'ai été accepté en seconde générale, c'est grâce à son acharnement pour me faire travailler. Je n'aurais pu rêver prof particulier plus patient et impliqué.

Un boulet de canon manque de me renverser, poursuivi par mon frère, Guilia et Aroon. Elena. Je ris devant sa vitalité. Elle rend chèvre mon oncle et ma tante, mais c'est ma cousine préférée. Avec Aélys, nous passons des heures à jouer avec elle, on ne s'ennuie jamais. Elle se précipite dans les jambes de papinou et maminou. Nous revenons de Suède où ils nous ont emmenés avec Alex. On est un chouia serrés à quatre dans leur camping-car, cependant, on finit par s'habituer. Je crois qu'ils ont vraiment eu peur pour nous quand papa les a appelés lors de notre hospitalisation avec maman. Ils sont restés près de six mois dans ce jardin et depuis, ils nous rejoignent pour Noël et nous partons quelques semaines avec eux l'été. Avec Alex, on adore ces voyages. Nous qui n'étions jamais sortis de France, on en prend plein les yeux ! Et ça nous permet de mieux les connaître. Ils sont gentils, quoique très solitaires et, s'ils ont toujours demandé régulièrement de nos nouvelles, nous ne les voyions que très rarement et sur un court laps de temps. Suite à leur changement de vie, nous n'avions plus que les visios. Je crois que nous sommes tous ravis de passer de nouveau du temps ensemble. Comme quoi, toucher le fond a parfois du bon.

Guilia arrive à ma hauteur en courant. Elle s'accoude sur mon épaule, cependant, j'ai bien poussé et ça devient compliqué pour elle, car nous n'avons plus que quelques maigres centimètres d'écart.

— J'en peux plus, elle m'épuise, cette gosse !

— C'est la meilleure, elle est trop forte pour toi, c'est tout, répliqué-je.

Elle me tire la langue en riant. J'adore cette fille ! Elle est pétillante. Et elle a redonné le sourire à mon frère, ce qui n'était pas une mince affaire.

Après le drame, comme je l'appelle, nous avons renoué nos liens et l'on s'est tout raconté sur nos vies. Je lui ai parlé de Michaël et de sa bande. Me confier m'a soulagé. Alex s'est contenu devant moi, néanmoins, j'ai appris après ma sortie de l'hôpital qu'il avait coincé un à un les membres du groupe et qu'il les avait tabassés. Avec sa carrure et la colère qui l'animait, ils n'avaient aucune chance face à lui. Même si je sais que c'est mal, je n'ai pas pu m'empêcher d'être heureux. Ils le méritaient et mon frère me prouvait ainsi qu'il tenait à moi et continuait à me protéger, malgré ce que je lui faisais subir à l'époque.

Frangins envers et contre tout.

Tout le monde devait partager mon avis, car Alex n'a eu que trois jours d'exclusion du collège et personne n'a rien dit. J'ai même l'impression que les parents sont fiers quand ils mentionnent cet épisode. Sans connaître les détails, j'ai eu vent qu'Artus est intervenu pour que les familles des « victimes » ne portent pas plainte.

De son côté, Alexandre m'a expliqué pourquoi il ne parlait plus à Aroon, à quel point c'était dur pour lui. Se priver lui-même de son meilleur ami était une vraie torture. Et Claire était son premier amour. C'est horrible quand ce n'est pas réciproque. Heureusement, il sort depuis un an avec notre cousine. Ça m'a fait bizarre au début, on la connaît depuis qu'on est nés. Mais après tout, il n'y a aucun lien de sang et ils respirent le bonheur. La vie est déjà assez injuste et difficile pour ne pas se la compliquer inutilement.

Guilia l'a énormément aidé pendant son sevrage et même après. Elle n'est également pas étrangère à la réconciliation de mon frère avec son meilleur ami. C'est sans surprise que j'ai appris qu'elle s'orientait vers des études de psychologie. Elle sera très douée, j'en suis persuadé.

Quant à Alex, il se forme pour le métier d'éducateur spécialisé. Il espère travailler avec des jeunes en difficulté, des révoltés comme il l'a été. Il estime qu'ayant traversé des choses similaires, il sera plus à même de les comprendre, de les aider. Je suis sûr qu'il peut réussir. Mon frère est devenu un géant impressionnant, sportif, équilibré et à ma grande surprise, apaisant. J'aime savoir que je peux compter sur lui, et ses futurs protégés auront de la chance de l'avoir dans leurs vies.

Papa s'approche.

— Ça va, chaton ? Tu as vu ta mère ?

Je cherche dans la foule – car nous sommes bien une quarantaine, waouh, ce chiffre me donne le vertige ! – et repère rapidement maman avec sa sœur de cœur ainsi que les parents de Walid. Elle est resplendissante. Il lui aura fallu de nombreux mois pour remonter la pente à sa sortie de l'hôpital. Déjà qu'elle y était restée plusieurs semaines...

À mon grand soulagement, au terme de sa convalescence, j'ai retrouvé ma mère qui rit en permanence, qui dédramatise tout et à qui je peux me confier. Bon, comme Aélys, elle s'inquiète trop pour le travail scolaire, mais selon elles, c'est parce que je ne me mets pas assez de pression tout seul. Maman n'a plus jamais remis un pied dans sa boutique. Elle a attaqué son ancienne responsable au tribunal et elle a gagné. Du coup, les parents ont quelques économies. Ça permet de respirer un peu, car ils bossent tous les deux à temps partiel pour profiter au maximum de ce qui compte le plus à leurs yeux : nous.

Maintenant, ma mère s'occupe d'une vieille dame à son domicile. Elle lui remplit le frigo, lui lit le journal, prépare ses repas, fait le ménage… Ça a l'air de vraiment lui plaire, elle me dit toujours : « C'est humain, c'est tout ce que je voulais. » Perso, ça ne me branche pas tellement comme carrière.

— La voilà, avec tatie ! s'exclame mon père qui aura mis du temps à la trouver. OK, elle est occupée et ne nous regarde pas. Tu crois qu'on peut activer le projet surprise ?

Je sautille sur place et fais de grands signes à Aélys. Si j'ai l'air bizarre, tant pis, c'est notre signal. Il faut qu'elle vienne seule. Je vois Walid froncer les sourcils. Ahah, il n'est pas dans la confidence et il déteste les cachotteries. Pour autant, je suis sûr que ça va lui plaire. De toute façon, il n'y a que Squatt et Einstein qui sont au courant. Avec papa, évidemment, puisqu'il nous a aidés. S'il bosse toujours à Lincoln Santé, il a repris à mi-temps après son congé sabbatique d'un an. Il rentre tous les midis à la maison, ce qui lui a permis de s'impliquer dans notre projet en toute discrétion. Quand nous ne sommes pas là, il accompagne de plus en plus Donato à son travail d'agent immobilier, je me demande s'il ne va pas finir par se reconvertir étant donné la façon dont il parle des habitations qu'il visite. Bien souvent, il ne se rend compte qu'au dessert qu'il a monopolisé la parole tout le repas. Personne ne le lui reproche, ça nous fait tellement plaisir de le voir si passionné.

Mon amie me rejoint et tandis que papa disparaît à la voiture, nous débarrassons une table. J'attrape la main d'Aélys et, sur un signe de tête pour nous donner du courage, nous montons dessus d'un même mouvement. Mon cœur bat à tout rompre. Aélys semble sur le point de défaillir, partagée entre la fierté et la peur d'affronter l'assemblée. Je lui adresse un sourire tremblotant, mais que j'espère réconfortant.

Au bout de quelques minutes, le silence se fait naturellement. Nous sommes dévisagés par de nombreuses personnes intriguées.

— C'est l'heure du discours ? demande Jimmy en riant.

— Tu ne crois pas si bien dire ! rétorqué-je avant de me lancer. Vous le savez, nous débutons une nouvelle aventure dans quelques jours, celle du lycée. Je ne peux pas oublier ma rentrée au collège qui a été...

catastrophique. Et pourtant, presque quatre ans plus tard, nous voici tous réunis, plus heureux et soudés que jamais. Je n'ai jamais eu l'occasion de le faire, alors je tenais à vous remercier d'avoir été là dans ces moments difficiles. Pour moi, pour maman, pour Alex, pour papa. Et merci d'avoir accueilli Aélys, que je considère aujourd'hui comme une sœur. Grâce à elle, je vais pouvoir vous offrir quelque chose. Depuis près de deux ans, nous y consacrons notre temps libre, avec acharnement, en y mettant tout notre cœur. C'était un travail de longue haleine, et j'ai souvent pensé à cet instant, à vous, pour me redonner du courage quand la motivation baissait.

Papa arrive avec deux cartons sur un diable. Timing parfait ! Aélys me serre la main plus fort, je la sens trembler près de moi. Je me tourne vers elle. Malgré ses yeux humides, elle semble heureuse. Parce que sans elle, rien n'aurait été possible, je lui demande de prendre le relais. Elle proteste, ce n'est pas son rôle, et puis, avec sa voix de souris, personne ne captera rien. Je ne veux rien savoir, il faut qu'elle soit actrice de ce moment. J'ai envie qu'elle s'en souvienne toute sa vie. Qu'il soit le début de quelque chose et pas une fin.

— J'espère que vous m'entendez tous. Léo souhaite, exige, même, que je vous présente son cadeau. Nous n'avons pas compté nos heures. Nous ne sommes que des amateurs, cependant, nous avons fait de notre mieux et je dois avouer que je suis plutôt satisfaite du résultat. Toi aussi Léo, non ?

Je hoche la tête en réponse et lui tends un livre attrapé dans le premier carton.

— Je suis fière de vous présenter *Les aventures de la sorcière Brunissende*, écrit par Léo et illustré par mes soins. Antoine nous a gentiment payé l'impression de cinquante exemplaires afin que nous en ayons tous un. J'espère qu'il vous plaira et… bonne lecture !

Nous redescendons de la table sous un tonnerre d'applaudissements. Tout le monde se rue sur papa pour récupérer son bouquin. Aélys essuie les larmes qu'elle n'a finalement pas réussi à contenir. Je me retiens de l'imiter.

— Oh, mes chéris. Et dire que je n'ai rien vu ! Deux ans ! Je suis tellement fière de vous.

Maman… Elle me serre fort et je respire son odeur, je m'en emplis. À cet instant, j'ai l'impression que ma vie est parfaite. Je suis toujours malade, je le resterai, mais je ne laisserai pas le diabète me prendre le bonheur que je mérite. Et puis, maintenant qu'Aélys décore mon carnet de suivi avec ses illustrations, il est super stylé et je n'ai plus honte de le sortir.

Einstein et Squatt viennent se frotter contre nos jambes. Nous nous asseyons et ils sautent de façon synchronisée sur nos genoux. Mon chat me fixe avec ses prunelles dorées et je le remercie tout bas, il a transformé ma vie.

Rapidement, nous ne savons plus où donner de la tête avec Aélys, car à notre grande surprise, une queue se forme devant notre table pour une séance de dédicaces accompagnée d'embrassades. Nous nous regardons, le cœur léger. Quel succès ! Nos compagnons poilus nous laissent signer nos ouvrages, sans s'éloigner de plus de quelques centimètres. Assis à nos côtés, comme toujours, ils veillent sur nous.

— T'as vu, maman, le protecteur de la sorcière, on dirait Squatt ! s'exclame Elena en examinant la couverture de notre livre.

Dans l'euphorie du moment, personne ne remarque le clin d'œil échangé entre les deux anges.

Remerciements

Ce roman devait être le cinquième publié… mais ses personnages m'ont harcelée jusqu'à ce que je lâche tout pour coucher leurs histoires sur le papier. J'aurais préféré écrire dans l'ordre, avoir gagné une plus grande maîtrise pour faire honneur à Léo et sa famille, mais qui suis-je pour décider ? À l'instar de ceux qui habitent ces pages, ce récit est imparfait. J'aspire néanmoins à vous avoir touché. Il me tenait à cœur de dépeindre les répercussions que peut avoir une maladie. Elle n'affecte pas que le patient, mais l'ensemble de ses proches, *a fortiori* quand il s'agit d'un enfant. J'espère avoir réussi mon pari. Je souhaitais également parler de l'importance de nos amis félins dans notre bien-être et redorer quelque peu le blason des chats noirs en réinventant le mythe de l'ange gardien et du compagnon des sorcières.

Je remercie mes copains auteurs qui m'ont soutenue lorsque j'ai dû écrire cette histoire presque avec urgence : Khalysta Farall, Amélie Quermont, Tobias Martin et Selma Bodwinger. Vos encouragements chaque jour m'ont poussée à me dépasser.

Ce roman n'aurait pas été le même sans l'aide précieuse de mes premières lectrices qui ont traqué sans répit les failles de la première version. Merci à Geneviève Dumesnil, Cassiopée, Iléana Métivier, Mylène Ormerod et Jeanne Sélène.

Il faut que je vous avoue que si j'ai écrit très vite le premier jet, je me suis arrêtée au chapitre 58, incapable de clôturer ce texte. Je ne voulais pas quitter ce clan et j'étais très éprouvée par ce qu'il traversait (je ne fais pas partie des auteurs sadiques envers leurs personnages, je souffre avec eux). Si j'ai trouvé la force de mettre un point final à mon manuscrit, c'est grâce à mes amies qui partagent avec moi la passion des mots : Iléana, Amélie, Mylène et Ellega Kieffer. Nous formons un groupe très uni et pas un jour ne passe sans que nous échangions et nous soutenions. Je ne vous remercierai jamais assez d'exister, les filles.

Je suis extrêmement reconnaissante envers ma correctrice, Sandra Vuissoz, qui a traqué ici les moindres fautes. Non seulement elle est efficace, mais elle a la gentillesse (et la patience !) de répondre à toutes mes questions afin que j'apprenne de mes erreurs. Si par malheur j'ai omis de rectifier une coquille, n'hésitez pas à me le signaler, c'est un des avantages de l'impression à la demande.

Presque trois ans après sa sortie, devant les ventes qui s'essoufflent, je ne peux me résoudre à laisser Léo et sa famille sombrer dans l'oubli. D'autant que je sais qu'ils ont fait du bien à beaucoup de lecteurs au vu des émouvants retours que j'ai reçus. J'ai donc fait appel au talentueux Ōkami Stained Sekai afin de réaliser la merveilleuse couverture que vous avez pu admirer en vous procurant mon livre. J'use de superlatifs, mais ils ne sont pas exagérés. Mon histoire a enfin l'écrin qu'elle mérite. Merci du fond du cœur, Ōkami. Je remercie également Hestia, ma meilleure amie, qui m'a soutenue au quotidien pour relancer *Mon petit chat*. Grâce à eux, j'ai relevé le défi.

Je termine par vous, qui m'avez consacré un peu de votre précieux temps. Peut-être faites-vous partie des lecteurs qui ont fait le succès de ma nouvelle *C'est pour ton bien*. Peut-être me découvrez-vous aujourd'hui. Dans tous les cas, merci de l'intérêt que vous avez porté à ce roman qui me tient tant à cœur. J'espère que vous avez aimé cette histoire. Si c'est le cas, n'hésitez pas à en parler autour de vous et à déposer votre avis sur les sites marchands ou les réseaux sociaux pour donner envie à d'autres personnes de se laisser embarquer.

Prenez soin de vous.

Cindy

Restons en contact

Afin de conserver le lien, je vous propose de vous abonner à mon infolettre. Aucun rythme de publication n'est prévu, je veux me garder cet espace de liberté. Mais rassurez-vous, vous ne croulerez pas sous mes mails.

Vous pouvez vous inscrire ici et ainsi faire partie de mon cercle de lecteurs privilégiés qui m'aidera lors des sorties pour certains choix et qui aura quelques exclusivités.

https://bit.ly/487Ye74

À très vite,

Cindy

Bibliographie

Nouvelles :

Elle – 2022

C'est pour ton bien (bonus *La rencontre dans la version brochée*) –2017

Un diamant à l'état pur – recueil *L'Indé Panda n°11* – 2021

Le Rendez-vous – recueil *L'Indé Panda n°4* – 2017

Le Voyage – recueil *L'Indé Panda n°2* – 2017

Témoignage :

Mon parcours de bypassée - 2021 - paru sous le pseudonyme Nisa

Bibliographie

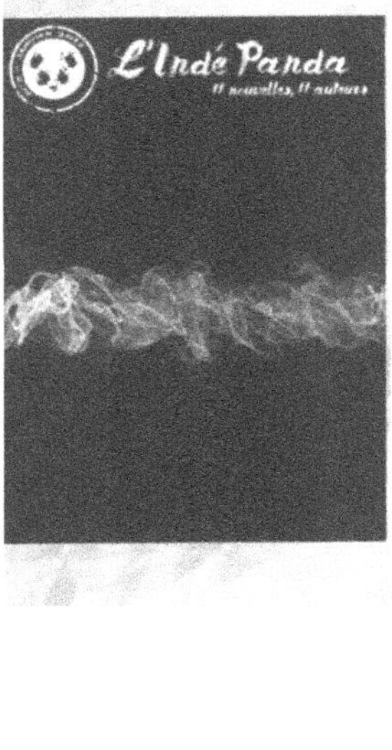

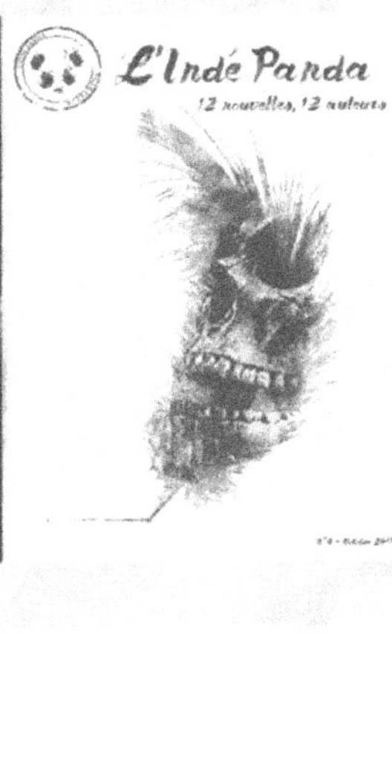

Ce livre a été imprimé en France
Dépôt légal : Janvier 2021

Lightning Source France
1 Av. Johannes Gutenberg
78310 Maurepas, France
FRHW010158030625
43821FR00004B/32

9791035948658